COMPUTATIONAL THINKING
Digital Navigation for Sustainable Business Growth

计算思维
企业增长的数字方略

张瑾　胡时伟　张明华　江戈　著

中国人民大学出版社
·北京·

前 言

　　本书的写作源于作者团队对中国企业数字化过程中三个关键问题的深入思考。首先，在数智时代，管理究竟是一门艺术，还是一门技术？其次，企业管理在数智时代能否"计算"出来？最后，对于当下的中国企业而言，数字化的核心任务是制定数字化战略，还是将战略数字化？对于这些问题的持续探讨，激发了作者团队撰写本书的念头，并成为贯穿全书的主线。

　　在全球竞争日益加剧和科技迅速变革的背景下，企业管理面临前所未有的挑战与机遇。管理不再仅仅是一门艺术或技术，还是一项复杂且严谨的系统工程，要求企业协调资源、凝聚智慧，以实现战略目标。随着数字化的深入，管理的理念、方法和工具也在不断革新。本书正是在这样的背景下应运而生的，旨在为企业管理者提供新的思维框架和实践工具，帮助企业在数字化浪潮中保持竞争优势。

　　关于第一个问题，传统的企业管理更多依赖经验和直觉，管理者往往被视为"艺术家"，他们凭借敏锐的洞察力和丰富的实践经验引导企业走向成功。然而，经验和直觉在快速变化的数字化环境中可能不够全面和精准。管理作为一门艺术的灵活性虽有其独特价值，但在应对复杂的系统性问题时，单凭经验和直觉难以支撑企业的可持续发展。因此，越来越多的管理者意识到，管理不仅是一门艺术，还需要科学性、逻辑性和可量化的分析。

关于第二个问题，随着信息技术的飞速发展，大数据和人工智能等技术逐渐融入企业管理的各个环节，这使人们能够通过计算，对企业运营中的各种复杂变量进行分析、建模和优化。管理不再是不可捉摸的艺术，而是一种可以通过数字化手段定义、表达、测量和优化的系统工程。计算思维是这种系统化管理的基础，它帮助人们将复杂的管理问题进行抽象、模块化和系统化处理，把模糊的决策过程通过严谨的数据分析和算法优化转化为明确的行动方案。在数智时代，企业管理者不仅需要数据思维和算法思维，更需要一种结合并超越这两者的"计算思维"。

关于第三个问题的探讨构成了本书的核心内容。在书中，作者团队从系统性、工程性和可计算性的角度审视企业的数字化进程。企业的数字化不仅是跟随潮流的选择，更是需要严肃对待的时代课题。面对"如何推进企业数字化"的挑战，一些企业仍停留在数字化战略的表面，忽视了"战略数字化"的重要性。从字面上看，战略是主体，数字化是实现战略的工具。战略数字化的核心思想是通过数字化手段来实现企业的整体战略目标。它强调回归战略本身，将系统工程思维和计算思维深度融合，助力企业实现可持续增长，这也是本书的思想核心。

这三个问题看似独立，实则相互关联。战略数字化的关键在于通过数据、算法和模型驱动企业的整体战略，实现管理目标。这意味着管理者不仅需要具备系统工程和计算思维，而且要能够将数字技术融入战略，将数字化视为企业整体战略的一部分。在战略数字化过程中，企业的每一项决策、每一项流程、每一个细节都可以通过数字化的方式得到优化与提升。因此，管理者不仅是企业的掌舵人，而且是战略的设计者、数据的洞察者和计算的执行者。他们需要学会如何将海量数据转化为战略优势，如何将数字技术深度融入企业战略之中，推动企业在各个层面实现持续增长。

本书希望通过对计算思维的深入解析，帮助企业管理者摆脱对经验的单纯依赖，转而通过科学、系统的方式驾驭企业的数字化成长。在这本书中，管理不仅是一门艺术，更是一项可以被建模、演算和优化的工程；它不仅需要直觉和灵感，更需要科学的思考和精准的数据支持。在数智时代，企业的增长不仅追求规模扩张，更重视在复杂环境中灵活适应和可持续发展。希望本书能够启发读者，帮助企业在数字化浪潮中找到正确的航向，通过计算思维做好管理和提升，成为真正具备世界级竞争力的企业。

作者团队能够完成本书的撰写，得到了多方面的帮助。首先要感谢中国人民大学商学院为本书撰写提供的工作条件，以及学院领导和同事所提供的帮助。商学院博士生陈英杰负责完成了本书第 3 章和第 4 章的初稿，博士生王铭旭对全书的内容进行了整理，本书的出版有你们的辛苦和付出。特别感谢第四范式公司为本书提供有关战略数字化的优秀案例，感谢第四范式公司的钟楚涵、李益、张妍等为本书贡献的内容。同时，也要感谢中国人民大学出版社对本书的支持，感谢管理出版分社熊鲜菊社长和丁一编辑在本书策划、协调、修编和出版发行中所做的大量杰出工作，感谢王伟娟编辑对本书所涉及的"计算管理学"的持续关注，你们的辛苦努力使本书得以顺利出版。本书得到国家自然科学基金（72442016、72472151、72202221、72072177）的资助，在此一并致谢。

　　由于水平有限，书中难免会有疏漏和不尽如人意之处，恳请广大读者批评指正。

目 录

第1章
计算增长 —————————— **001**

1.1 科技跃迁催生计算思维 / 004

1.2 企业增长需要计算思维 / 015

1.3 计算思维引航战略数字化 / 028

第2章
数字导向 —————————— **035**

2.1 什么是数字导向 / 037

2.2 数字导向引领企业增长方向 / 060

2.3 数字导向的识别与应用 / 080

第3章
计算分解 —————————— **091**

3.1 数字导向指标体系的构建 / 093

3.2 数字导向指标体系的应用 / 113

第4章
数智执行 —————————— 127

4.1 数智执行的准备 / 129

4.2 数智执行的落地 / 149

第5章
评价迭代 —————————— 167

5.1 评价迭代目标 / 169

5.2 评价迭代方法 / 181

5.3 评价迭代意义 / 194

第6章
数字方略 —————————— 201

6.1 ROUTE 数字方略 / 204

6.2 ROUTE 数字方略下的新型企业 / 211

第 1 章

计算增长

有两家公司，针对各自所在行业的痛点，展开创新。

A公司所在行业全国有超过 4 000 个同类型玩家，其中 4％持平，88％亏损，7％巨额亏损，在只有 1％实现盈利的情况下，A公司针对行业痛点进行模式创新。差异化的竞争让 A 公司实现快速增长，三年之内获取超过 50％的市场份额，月活跃用户数量（MAU）稳居行业第一，营收年同比增长一度达到 527％，并成为行业第一股。

A公司是否做了对的事情？

B公司面临相似的情况，行业竞争格局分散，服务品质低下，用户与从业者互不信任。B公司针对行业痛点推出创新模式。创新模式推出之后半年，产品供给数量锐减，用户量迅速下滑，交易额更是惨不忍睹。

B公司是否做了错的事情？

A公司名叫每日优鲜，推出的新模式叫前置仓模式，曾是中国生鲜电商第一股。2022 年 7 月，每日优鲜被曝现金流断裂，"原地解散"，此前曾是其核心竞争优势的前置仓模式被认为是导致亏损的罪魁祸首。

B公司是贝壳找房的前身链家网，推出的新模式叫"真房源行动"。该模式半年以后开始见到效果，提升了交易效率，让链家网流量翻了几十倍。而今贝壳找房已经是房产经纪行业当之无愧的龙头企业。

　　两个看似简单的问题实则蕴含着对企业发展前景和长期增长的关键思考，也就是如何确保企业航行在正确的航道上？如何在航道发生变化，优势变成劣势时及时给予关注？在当今这个快速变化迭代的时代，单纯依靠管理直觉、灵光一闪的传统管理技能和决策方式已经遇到瓶颈，这种管理和决策方式缺乏数据和信息支撑，往往会造成管理者对企业增长的幻觉和错觉，甚至会隐藏巨大的风险。随着管理与科技之间加速融合，数字时代的数据、技术、方法、算力的便利，为万物皆可计算提供了基础，也带来了突破传统管理思维方式的可能性。计算思维成为新的认知和思考模式，将为提升企业管理水平开启新的篇章。新时代的企业管理者要如何认知经营环境？如何定义管理重点？如何做好管理决策？如何实现企业增长？这些都是这一时代重要且迫切的管理问题。同时，时代也向管理者严肃昭告：一场走向计算思维的变革即将拉开大幕。

1.1　科技跃迁催生计算思维

1.1.1　技术发展引领全新浪潮

　　在过去的几十年间，每个人都会惊叹于以 IT 为代表的科技发展速度之快、势头之猛。根据摩尔定律，集成电路的集成密度每两年会增加一倍，其性能也会随之成倍提升，这在一定程度上呈现了信息技术指数级的发展速度。计算机从实验室中"慢速而大型"计算的庞然大物变成几乎人人掌中必备的"快速而微小"的运算工具。

随后，互联网打破时空限制将全世界连接起来，信息技术的发展突飞猛进、日新月异。人们用"大、智、云、物、移"①或"ABCD"②来概括当下这个信息技术百花齐放的时代。移动互联网将移动通信与互联网相结合，拓展了互联网的应用和覆盖范围，实现了人与人之间随时随地共享生活瞬间，世界也逐渐成为来往密切的"地球村"。在此基础上，物联网进一步通过信息传感设备与互联网连接，实现物与物、物与人之间的互联互通，极大拓展了互联网的边界，也推动现实世界逐渐走向"万物互联"的新阶段。随之而来的是大量、多样化且传输速度极快的数据，这些数据已经超出传统技术的处理能力。数据本身并不能创造额外的价值，数据需要借助全新的技术方法以及处理手段，帮助人们揭示巨型数据集群内部的特征和结构，从中获取知识与洞察。面对这样的挑战，大数据技术的运用至关重要，它能处理和分析大量的非结构化或半结构化数据，使数据变成一种极具价值的资产要素。

数字时代的脚步不曾停歇。在先进的互联网技术的基础之上，人们进一步将计算资源、网络资源、存储资源虚拟化，将更多样化的应用和更丰富的算力汇聚在云端，实现了资源到架构的全面弹性，开发出具有划时代意义的云计算技术。同时，代表新一代智能的生成式人工智能（generative artificial intelligence，GAI）实现了算法和模型的重大突破，

---

① "大、智、云、物、移"分别指代的是大数据、人工智能、云计算、物联网、移动互联网。
② "ABCD"分别指的是人工智能（artificial intelligence）、区块链（blockchain）、云计算（cloud computing）、大数据（big data）。

其中大语言模型就是一个典型例子。这些模型创建了新型的计算和智能服务平台，通过从量变到质变的计算进步，引发了智能的"涌现"，从而为基于数据的各种计算任务提供了更高级的方法。更丰富的数据、更强大的算力、更先进的算法使人工智能成为具备感知、理解、行动和学习能力的高阶信息系统，以计算见长的机器因此"聪明"起来。进一步，人工智能技术在数字城市、智能生产、智慧医疗、智能交通等行业的应用与拓展，正在逐步提高社会整体的智慧化发展水平。

1.1.2　时代机遇焕发企业新生

技术的发展为企业变革带来了全新的机遇。信息技术快速发展的短短一二十年间，企业跟随信息技术的变革步伐历经了信息化和数字化过程，并正在走向智能化的未来。1997 年召开的第一次全国信息化工作会议给出的信息化定义是"培育、发展以智能化工具为代表的新的生产力并使之造福于社会的历史过程"，并且要"在国家统一规划和组织下，在农业、工业、科学技术、国防及社会生活各个方面应用现代信息技术，深入开发、广泛利用信息资源，加速实现国家现代化进程"。信息化是继工业化之后生产力发展的一个新阶段，它对社会经济乃至整个人类文明产生了巨大影响。21 世纪初期，信息产业获得长足发展并逐步取得支配地位，社会发展的生产主导由物质生产转变为信息生产。目前，信息化已涉及社会生活的各个领域，对产业结构、就业结构、社会组织以及个人行为方式均产生了重大影响。

对企业而言，其信息化转型得益于计算机的普及，以计算机为核心的信息生产力成为新的生产力。这一阶段，"配电脑""上系统"是企业信息化的核心动作。企业的 ERP（Enterprise Resource Planning，企业资源计划）系统是信息化时代的典型代表。ERP 是 20 世纪 90 年代兴起的面向制造企业应用的集成化管理信息系统解决方案，在当时被业界认为是企业信息化发展的重要方向。以 ERP 系统为例，当时的企业信息化是使用 ERP 系统将线下的合同、报表、发票等录入线上，存储为电子化数据文件。除此之外，企业还会搭建大量用于其他管理目的的信息系统和软硬件。例如，对一家工业企业而言，其信息系统建设除了 ERP 系统外，还有 PLM（Product Lifecycle Management，产品生命周期管理）、CRM（Customer Relationship Management，客户关系管理）、APS（Advanced Planning and Scheduling，高级计划与排程）、MES（Manufacturing Execution System，制造执行系统）、SRM（Supplier Relationship Management，供应商关系管理）、WMS（Warehouse Management System，仓储管理系统）、QMS（Quality Management System，质量管理系统）等生产制造相关系统；运营管理软件 MOM（Manufacturing Operation Management，制造运营管理）、设计软件 CAD（Computer Aided Design，计算机辅助设计）、CAE（Computer Aided Engineering，计算机辅助工程）、CAPP（Computer Aided Process Planning，计算机辅助工艺规划）和一些研发相关软件；还有 OA（Office Automation，办公自动化）、HRM（Human Resource Management，人力资源管理）、BPM（Business Process Management，业务流程管理）、BI（Business Intelligence，商业智能）等与经营活动相关的软件和系统；在硬件系统方面覆盖网络、数据存储等方面需要，还有电话、监控、考勤等日常系统及打印机、计算机、复印件等硬件设备的投入和维护。一系列的软硬件、系统都是从不同角度刻画企业的流程和活动。

综合来说，这一时期企业信息化的核心任务是将各个流程节点的结果信息录入系统，将企业的静态数据和资源"搬"到线上，但管理决策依然在线下做出。从技术流程角度出发，受限于当时的技术发展，信息化往往是单个部门的应用，很少有跨部门的整合与集成，只能实现部分流程、局部信息和单一数据的线上化。尽管信息化将线下的流程和数据"搬"到了线上进行处理，但企业内部、企业之间、企业与外部环境都没有建立连接，业务本身并未发生改变，数据分散在各个系统之中形成信息孤岛。从思维方式的角度出发，信息化依旧是线下的流程化思维，是对线下物理世界的静态记录和管控，流程是核心，信息系统只是辅助工具，数据也只是信息系统的副产品而非价值创造的原材料。

随着计算机和互联网的普及，数据规模迅速膨胀，大数据时代的到来拉开了数字时代的帷幕，数字化进程不断加速，企业逐渐走向数字化阶段。数字技术是信息技术发展到现阶段，以信息、计算、沟通及连接技术等为构件的多元组合，涵盖互联网、大数据、人工智能、云计算等数字与智能技术。但数字化不是信息化的简单升级，二者存在很大的不同，主要表现在数据的特征与运用方式上。就信息化而言，企业的信息化系统记录的是企业活动的静态数据，数据的流动性较差，一个系统产生的数据往往就地使用，不会创造超额价值。但数字化则以动态的方式扩展了数据的使用边界。首先，从企业内部经营角度出发，数字技术能够动态地记录企业人、财、物的印迹数据，更为生动地刻画企业行为；其次，从企业外部环境角度出发，大量的经营环境数据能够被感知、捕获、整合和响应，提升企业的环境互动能力；再次，从企业数据分析能力的角度出发，数字化能力不仅表现在对内外部环境信息的感知和数据采集上，还包括针对这些信息的分析与研判，进而形成工作指令，将现有数据转化为公司珍贵的知识储备，实现"感知—分析—决策—执行"的闭环。因此，数字时代的企业管理正在变成数据的管理，传统的决策正在变成基于数据分析的决策。

信息化将企业管理世界中的静态数据和资源"搬"到了线上的数字空间，相比而言，数字化则是将企业管理世界中的各种动态过程和场景"搬"到了线上数字空间，这也是信息化和数字化本质上的相同与不同。相同的是它们都将企业线下的某些内容和单元刻画和描述到线上空间，不同点在于信息化更侧重于静态资源，而数字化更侧重于动态资源，也就是我们通常讨论的过程和场景。举一个简单的例子来说明，电子登机牌已经成为今天人们出行乘飞机的主要工具，那么这种手机上的二维码究竟是信息化建设还是数字化建设呢？如果我们对标过去的纸质登机牌，相信大多数人会同意，相比于过去的那张纸，今天的电子登机牌更像一项信息化的举措，而如果我们对比过去的登机过程来思考今天的登机过程，我们可能更倾向于认为这是一项数字化建设。过去的登机过程在乘客没有到达机场前是无法开始的，乘客到达机场使用身份证打印出纸质登机牌，完成登机并在目的地取回行李后，其与航司之间的关系也就结束了，但是有了今天的电子登机牌，我们发现登机的过程不仅全面搬到了线上，而且登机过程在线上空间得到了极大的延展和创新，乘客在没有到达机场之前已经开始了登机的过程，甚至可以与航班中未见过面的同机乘客进行简短社交。到达机场的登机过程大家已经非常熟悉，我们不再赘述，飞机降落后乘客与航司的关系并不会因为离开机场而结束，而是会通过信息推送等方式继续延展并创造新的数字场景，包括酒店预订、接机服务、航班评价等。因此，如果我们从动态过程和场景的角度来考虑，会更加清晰地看到电子登机牌的数字化本质特征，我们也能够更加明确数字化的本质方向和发展重点。

在数字时代，如果企业管理者运用信息技术锚定刻画的对象是企业的静态数据和资源，那么企业数字化的资源在一定程度上是一种错配和浪费，同时也并没有充分发挥数字时代信息技术的优势。纵观过去几十年，企业管理者一直在思考的问题之一就是如何通过信息技术将企业管理世界中的各种元素重构到线上的数字空间，以期形成一个线上数字版本和线下实体版本并行的新型企业形态，这样的企业形态才可以满足日益增长的消费者需求，这样的企业形态也才可以激发和管理好日益复杂的组织人员。这里需要说明的是，不是说线下不重要，而是说企业的重点应该是有线上和线下两个版本。从线下到线上的重构过程不是一蹴而就的，需要持续多年努力，这也是中国企业未来发展的核心主题之一。

重构的过程中不仅仅包括静态的资源、动态的过程，还包括企业经营管理场景中最核心的单元，也就是"人"。在这里"人"是一个泛化的指代，包括市场上的消费者、供应链的上下游，也包括组织中的员工和领导。对于"人"的刻画和描述则对应着今天智能化的主要任务。伴随着信息化、数字化的蓬勃发展，"智能化"或称"智慧化"作为下一个发展重点逐渐崭露头角。从企业实践的角度出发，尽管企业已经越来越多地将人工智能技术融入企业的日常工作之中，但现阶段的企业管理工作远未达到智能化。就概念本身而言，智能化看起来是对机器智能水平的描述和提升，但其实智能化的核心并不在于科技而在于"人"。换言之，我们今天经常讲到的智能化，其核心并不在于科技的高低，而在于科技能否做到与人想的一样、做的一致。今天以人工智能为代表的科技进步如果能够与人的预期一致，我们就认为科技是"智能"的；反之，如果科技进步与人的想法不一致，我们并不会使用"智能化"来概括这样的科学技术。由此可见，智能化的核心本质是强调对人类参与的关注（不仅注重对人的生理属性的刻画，而且强调对人的心理诉求的关注）。智能化代表了社会和企业发展的未来愿景。无论是信息化还是数字化，抑或是我们所向往的智能化，企业管理者都是试图借助当下可用的 IT 来刻画和描述管理世界，而当企业的实体管理已经完全"搬运"到线上空间后，线上空间的系统动力之源则是镶嵌于其中的"计算"。在数字时代，计算思维变得愈发重要。

1.1.3　计算思维赋能企业管理

"计算"并不是一个陌生的词汇，从历史的角度来看，人类的发展史也是一部波澜壮阔的计算技术发展史。计算技术源远流长，从借助双手、石子、草绳计数，到算筹、算盘，再到机械计算器，直至电子计算机的出现和快速更新换代，数据计算和信息处理始终是人类社会运转和发展的基本需求，推动着人类从手动计算时代走到电子时代。

我们为什么要强调数字时代的计算思维呢？数字时代的计算早已不是算数那么简单。数字时代无时无刻不在计算，"大、智、云、物、移"无一不在计算，也无一不依赖大量、高速的计算。这种计算与传统意义上的"算数"存在极大的不同。数字技术的核心是基于"0-1"符号的计算，目的是将现实世界的人、物、组织、事件等现实存在转换为计算机世界中的数字信号或编码，并予以信息表征，使之成为计算机能够处理的数据。真实世界的一切，无论是用户、产品、交易还是组织，无论是文字、数字、图像、声音还是视频，都可以用数据的方式描述概括，万物皆数！社会经济生活的方方面面被更细粒度的数据形式记录和呈现，数据世界可以更清晰地描绘社会经济活动情境。这种从现实到虚拟世界的转换改变了我们认识、了解、分析世界的方式，推动计算成为数字时代的关键动作。

计算技术的发展核心是算力的提升。算力，即计算能力，其大小代表数字化信息处理能力的强弱，决定计算的最终成果。随着计算工具和技术的革命性突破，人类的算力也发生了天翻地覆的变化，算力正在像水、电一样成为基础设施，是数字经济发展中的核心动能。在强大的算力加持下，数字化计算不再只是算术，而逐渐演化成为一种智能活动，计算机也不再只是计算工具，而成了人工智能的现实载体。时至今日，计算科学从传统的模拟计算和数字仿真走向基于高性能计算与科学大数据、深度学习、深度融合的第四范式，世界的数字化使得万物皆可计算。

现实世界的计算革命也为人类思维的革命带来了新的方向。计算不仅仅是数字数据的大型存储库以及构建和分析这些数据所需的计算方法，从思维模式的角度出发，计算代表了不同领域、不同科学思维与行为模式的融合。在这个意义上，计算不仅是一个动作，也代表了一种思考方式。

以上内容说明了一点，这个时代的计算已不同于以往的计算，计算这个概念的内涵和外延都在发生深刻的变化。因此，提到计算，我们应该以更加符合这个时代特点的眼光重新审视这一概念。当新时代的计算与企业管理结合，计算思维意味着更为理性、快速和全面的分析，也意味着企业管理新范式的出现，即计算管理学。当前，我们听到企业管理者需要具备数据思维和算法思维。那么，什么是计算思维呢？为什么企业管理者需要计算思维？简单而言，计算思维是对数据思维和算法思维的更高维度的凝练和总结，是站在更高层次对数据思维和计算思维的统一。按照朴素的定义，我们可以按照计算的核心要义将计算拆解为"计算＝计算的数据＋计算的方法"。计算需要数据和算法，这里的算法其实就是计算的方法。在企业经营管理层面上，计算数据对应的就是今天企业正在进行的数字化进程，企业的数字化将会创造大量的数字空间场景，这些场景会生成海量的数据，这些数据是推动企业管理变革和创新的关键，也是今天我们提到企业管理者数据思维的基础。光有数据是不够的，如果没有高效的计算方法，是难以将有价值的数据充分利用起来的。因此，企业需要众多的智能算法和模型，这些对应着今天企业智能化的实践。企业的智能化实践是在不同的场景中实现对人的拟合和逼近，这些均需要通过算法和模型来实现，因此企业智能化的核心对应着管理者的算法思维。

当厘清上述环节之后，我们就会清晰地发现，管理者的计算思维是对数据思维和算法思维的综合表达和概括。今天的企业面临数字化和智能化转型发展的契机，光靠数据思维或算法思维均不能有效地贴合企业发展的实际，而计算思维则是企业数字化和智能化的交点，在这个交点上我们不仅看到了计算思维，还能发现企业计算的实质就是今天企业的数智化实践，也就是"企业计算＝企业数字化＋企业智能化"。

企业有众多的管理任务，计算思维体现在利用数学、统计学、预测模型和机器学习从企业数字化场景中积累的海量数据集内找到有意义的模式和知识，利用智能算法通过计算去补充甚至替代以前由管理者基于经验进行的管理决策。我们以企业的竞争分析为例讨论企业管理中的计算思维。[①] 企业在数字时代面临着快速变化的竞争格局，产销矛盾日渐加深，供需错配逐渐明显，甚至用"VUCA"[②] 也不足以完全形容环境变化之剧烈。在此背景下，掌握新兴技术的企业往往能给沉寂的竞争环境以剧烈冲击，跨界竞争的例子屡见不鲜，在位企业担忧是否会被新的技术颠覆，是否存在没有觉察到潜在竞争对手的危机。这些问题并非企

---

① 详见：张瑾. 计算竞争：数字经济时代的企业竞争智能. 北京：中国人民大学出版社，2022。

② VUCA 是指组织处于"不稳定"（volatile）、"不确定"（uncertain）、"复杂"（complex）和"模糊"（ambiguous）状态之中。

业以往忽略的盲点，相反，它们始终是困扰企业经营的关键问题，但是在复杂动态的现代市场环境中，竞争分析的传统手段已不再适用。

也恰恰是在这样的时刻，基于计算思维的竞争分析方能大显身手。计算思维启发管理者，数据要素是新的生产力，借助智能化方法的数据分析能够获取有价值的信息。一方面，基于全新技术的计算思维能够提示企业思考如何通过数字技术收集广泛而多样的数据用于竞争分析。例如，企业可以获取搜索引擎中的搜索日志数据、电子商务平台中的用户评论数据、知识分享社区的用户问答数据。另一方面，计算思维指引企业的数字化行动，企业能够借助大数据分析、人工智能等技术识别竞争对手，计算企业间的竞争维度、竞争程度，了解市场竞争格局。企业可以通过数字技术和平台，实现竞争分析的数字化，从而以集中化、可视化、智能化的方式描绘企业所处环境的战略位置，更快搭建和调整竞争战略。这些无不彰显计算思维的重要价值。异曲同工，广告营销可以被计算，人力资源可以被计算，库存和供应链可以被计算，甚至连最复杂抽象的企业战略也可以被计算。

1.2 企业增长需要计算思维

1.2.1 数字化转型的本质现状

万物皆数，万物皆可计算。从思维模式上看，数字时代的企业管理应该强调"数"与"算"，从经验思维迈向计算思维，由流程驱动转向

"数算"驱动，从而实现数字时代的深刻转型。从整体流程的角度出发，企业需要牢牢把握数据这一数字化转型的主线，依靠数据驱动算法模型的升级，带动流程与系统的革新，进而启发个体摆脱经验主义，以理性数据分析结果，响应企业业务和管理的全新需求。目前，已经有众多企业提供了它们对数字化转型的洞见。例如，阿里巴巴认为数字化是"一个从业务到数据，再让数据回到业务的过程"，它关注 IT 架构统一、业务中台互联网化以及数据在线智能化；美的认为数字化即企业价值链的数字化，即从数据出发，利用现有的一些新兴技术与所有的数据进行分析、计算、重构，实时指导经营管理的全过程；华为认为数字化转型是基于业务对象、业务过程和业务规则的数字化，构建一个实现感知、连接和智能的数据平台。由此可见，一方面，众多的企业给出数字化转型的概念和判断，说明数字化转型确实是当前中国企业关心的核心问题；另一方面，大家对数字化转型的认知都是基于自身的实施经验，也都有自己的逻辑和思考路径，这也导致大家对数字化转型的认知是不尽相同的，企业数字化转型的独特魅力可能就体现于此，也就是我们无法用一个统一的框架来框住所有的中国企业实践，从实事求是的角度而言，企业数字化转型可能就应该是"一千个人眼中有一千个哈姆雷特"。

虽然大家对于数字化转型的定义和看法是不同的，但是对于企业数字化转型的价值已经达成共识，也就是"降本增效"。第一，数字技术帮助企业更加深刻地把握客户需求变化。企业一切经营活动的核心目标是为顾客提供更有竞争力的产品。为实现这一目标，企业必须理解顾客需求，进行有针对性的产品设计，继而对产品合理定价并实施与之相适应的库存管理和营销活动。丰富的数字生活使消费者有更多的消费主动权，对产品和服务的需求也更加个性化，数字技术能够帮助企业了解消费者，增强预测力、洞察力和决策力，从而更好地捕捉客户需求和市场变化，降低生产、销售和库存等方面的成本，带动业务流程自我更新、调整和优化，提升客户管理的效果。

第二，数字技术能够改善企业内部流程流畅性，提升运营效率。内部流程的革新是企业开展经营的坚实基础，而数字技术改变甚至重塑了企业内部的管理流程，重新定义了企业的竞争模式、竞争机制和竞争边界，打破了企业内部不同环节、不同模块、不同部门之间的"数据孤岛"。基于数据归集、数据分析、数据决策，企业能够实现更高效的生产管理，降低市场交易成本，提高组织资源配置效率和供应链管理能力，从而赋能内部流程管理。

第三，数字技术通过场景创新打破时空限制，扩大交易和合作范围，帮助企业降低交易成本，共建产业生态。新一代数字技术打破了传统商业的时间、空间与功能边界，降低了交易和合作的难度，企业间的往来更为密切，交易更为便捷。当下商业环境中的管理决策不再是单个企业的事情，企业必须立足于更广泛的利益相关主体，从产业链的角度出发判断自身战略行动的方向。产业链中企业之间的深度合作有助于企业以更全面的方式融入产业链，与合作伙伴共同构建产业生态，提升全产业效能。

以上列举了数字化使企业降本增效的三个方面，其实我们还可以列举更多，关键的问题是，今天企业数字化的困难也就出现在这里，我们有无数个降本增效的理由，但其中可能只有少数方面可以让企业产生实质性增长。我们观察到当前企业产生了很多的降本增效的效果，但是能够带来企业整体增长的并不多见，我们将其描述为"降本增效不一定会让企业增长，可能会让企业原地打转"。讲到这里，并不是否定数字化能够使企业降本增效的事实，而是我们需要思考，仅仅降本增效是无法满足企业增长需要的，我们需要的是"战略性降本增效"，即在哪一个场景中做到极致的降本增效，就可以带动整个企业未来的战略性增长。

无论是带有数字基因的数字原生企业还是传统企业，都对长期增长有强烈需要，仅仅是降本增效无法满足企业这一需要。除了对于传统业务与流程的革新，数字化的战略价值还体现在帮助企业寻找新的业务增长点，构建"第二成长曲线"。从业务拓展的角度看，企业能够基于数字技术建立全新业务形态和场景，进而确立企业的核心竞争能力。对于大部分企业来说，技术对于全新业务发展方向探索的贡献首先表现在技术本身的特征上。在数字时代，大数据、互联网、人工智能等全新技术加持下的企业活动开始涉足全新领域，例如智能制造、无人工厂、无人机配送等。大量以数字化、智能化、生态化为主要特征的新兴业务开始涌现，为企业的业务发展提供了全新的方向。

从商业模式的角度看，数字技术为企业带来商业模式的变革。商业模式是阐明企业价值主张，描绘企业用户网络，指导企业财富创造的行动指南。在数字技术的加持下，企业数字化变革帮助企业基于客户中心性和"端到端"的市场互联性创新商业模式，以自动化、虚拟化和数据驱动重塑业务流程，为用户提供智能化、网络化及定制化的产品或服务，在赋能效率提升的基础上形成"使能"创新，引发企业商业逻辑系统变革，帮助企业实现商业模式的深刻创新。

成熟于内，赋能于外。从平台赋能的角度看，成功的数字化转型不仅提升了企业自身的数字化水平，还能实现平台化转型，赋能其他企业。例如，阿里巴巴将其双中台的成功经验输出赋能中小企业，京东输出北极星商业操作系统赋能传统企业等。从消费互联网到工业互联网和产业互联网，数字化转型已经不再是少数企业的事，而是全行业、全产业转型升级的"共同富裕"大计。一些成功的数字化企业在成为数字化平台后还能进一步输出自己的数字技术，赋能产业上下游甚至其他领域的企业，实现价值共创。

正因为数字化能够为企业带来诸多好处，当前，数字化已经成为企业的核心工作任务之一。在企业的数字化实践中，不同行业的侧重点各有不同。对于面向个体消费者的产品或服务行业来说，更强调"以客户为中心"，其数字化实践侧重于提升顾客体验。企业借助数字化手段更全面、快速地洞察顾客需求，以求精准地触达消费者，提高产品和服务质量。对于主要面向企业客户的企业而言，其本身不具有深厚的数字化底蕴，大多依赖数字技术推动架构扁平化改造和柔性生产，这类企业侧重于数字化运营与供应链方面的数字化实践，例如，智能工厂、智能供应链、智能物流、智能仓储、数字化采购等。总的来说，无论哪一类数字化实践，都是将企业内部系统、客户及外部相关者进行整合，形成一体化的运营模式，再通过对数据的积累、分析和挖掘，降低成本，提高产品质量和服务效率，提升顾客满意度。

　　除了依照客户类型来审视数字化转型的过程，我们也可以从数字化禀赋的角度出发探讨企业数字化转型的过程。一方面，一些企业天生具备数字化的潜力，我们可以称其为数字原生企业，也称为互联网企业或天生数字化企业。数字原生企业的特征之一是从创立之初就（或在相当早期转型为）以互联网为业务核心平台，并依存于互联网平台运营和发展。数字原生企业通过互联网为消费者或用户提供服务，进行产品开发，提供平台，经过多年沉淀逐渐成为完整的业务技术平台，进而赋能其他利益相关者。国内企业如阿里巴巴、腾讯、京东、百度、字节跳动等，国外企业如谷歌、苹果、亚马逊等。另一方面，一些企业并不具有数字化的天生优势，相比于那些抓住数字时代机遇应运而生的数字原生企业，制造、零售、金融、服务等一大批传统行业中的在位企业正在把握机会，通过对业务和技术的整合、升级和重构，积极地进行数字化转型。国务院发展研究中心将数字化转型定义为利用新一代信息技术，构建数据采集、传输、存储、处理和反馈的闭环，打通不同层级与不同行业间的数据壁垒，提高行业整体的运行效率，构建全新的数字经济体系。① 根据由中关村信息技术和实体经济融合发展联盟发布的团体标准《数字化转型 参考架构》中的定义，数字化转型是顺应新一轮科技革命和产业变革趋势，不断深化应用云计算、大数据、物联网、人工智能、区块链等新一代信息技术，激发数据要素创新驱动潜能，打造提升信息

---

① 参见：国务院发展研究中心课题组. 传统产业数字化转型的模式和路径. 2018-3.

时代生存和发展能力，加速业务优化升级和创新转型，改造提升传统动能，培育发展新动能，创造、传递并获取新价值，实现转型升级和创新发展的过程。传统企业如华为，在信息化的基础上展开数字化转型，将作业、决策、管理、指挥都搬到线上，加大人工智能力度，提升以用户为中心的业务体验，敏捷、快速地响应用户需求，端到端地提升整个分工链条的效率及质量。借助数字技术，华为成功实现了"大象也能跳舞"的愿景。

1.2.2　数字化转型的痛点和难点

数字化的革命性意义使得相当多的企业都提出了自己的数字化战略以指导企业的数字化转型，以期通过数字技术和数字化手段来改变其业务模式、流程、产品、服务、文化和价值创造方式。在现实世界中，不同的企业选用的数字化模式各不相同，五花八门的数字化模式存在各种各样的问题，阻碍了企业数字化战略的实现和数字化转型的成功。

首先，一些企业未能把握数字化的真正内涵，其数字化战略还停留在以往信息化进程的延伸阶段。信息化不同于数字化，尽管二者都根植于 IT 的进步，但是其内核大相径庭。信息化侧重于将计算机作为一种工具放入企业的工作情景之中，将现实的工作信息编码为计算机可识别的电子信号，以此来提升原有的工作流程的信息化水平。因此在行动上，企业致力于共建内部通信网络、资源管理系统、档案电子化程序，设立 IT 部门，改善组织人员的信息化素养，由此实现组织能力的跃迁。诚然，信息化是数字化的基础，但是在如今的时代，信息化已经不能回应现实世界提出的问题。数字化不仅要求计算机成为一种信息管理工具，更要求其成为信息收集、辅助决策、自主管理的智能帮手，从底层逻辑的角度全面赋能企业发展。因此，信息化做得再多，也难以替代数字技术的巨大功用。

由于部分企业的数字化是承接信息化后进行的数字技术转型探索，这些企业的数字化更像原有信息化战略的延伸。在信息化阶段，企业往往搭建了几十个甚至上百个信息系统，而这些系统又是在不同时期、基于不同的出发点、由不同主体或部门推动的，它们之间往往难以顺畅地打通。很多企业在进行数字化转型时沿用了信息化阶段的系统或系统搭建方式，导致完成的数字化也是割裂而非一体的。

其次，一些企业的数字化战略只是局部性的职能层或业务层战略，因此其行动往往是聚焦单一或者几个业务部门的零散尝试。不同的企业有不同的经营环境、发展历史以及资源禀赋，这进一步决定了企业的工作重点以及核心部门。如前所述，不同企业的数字化实践往往侧重于不同领域，管理者往往会对那些与企业绩效息息相关的部门与任务倾注更多精力，它们也因此获得执行数字化战略的先决条件。例如，制造企业侧重于生产数字化，以期实现生产智能化、集约化、定制化，提升企业的绩效；娱乐企业更注重营销数字化以实现客户流量变现；零售企业更在意销售数字化，以缓解仓储压力，降低经营成本。从职能与部门的角度出发定义、执行、完善数字化战略一直是企业实现数字化战略的主要方式之一。也有的企业不是以核心职能部门做试点，而是哪里"看起来会有效果"就从哪里开始，这就导致企业内部只有某条线能打通，其他部分依旧是分散割裂的。不管是出于重要性还是可行性的原因，这类企业的数字化战略都只是企业战略的一小部分，甚至不能称之为战略。

无论是第一类信息化到数字化的延伸，还是第二类局部性数字化战略，都会导致完成的数字化是某个系统的数字化、某个部门的数字化或某种业务的数字化，数据之间依旧是孤岛，系统之间依旧不能互联互通，得到的是"烟囱式"的数字化结果。企业虽然通过数字化实现了"烟囱"范围内的降本增效，但与企业增长的总体目标往往难以步调一致。不幸的是，这种"烟囱式"数字化却是当前企业数字化转型中最容易出现的情况。"烟囱式"数字化形象地将企业割裂的信息系统比喻为一个个又高又直的"烟囱"，烟囱本身没有错，错误出现在烟囱和烟囱之间，这种数字化只能解决企业局部的降本增效问题，但是解决不了企业战略上增长的问题。

再次，部分企业的数字化战略是束之高阁的空洞提案。相比于前文所述的专注于职能与部门的数字化战略，部分企业并不从目标和行动入手，而是将数字化战略作为一种顺应时代的响亮口号，号召企业全体朝着数字化的方向迈进。但是这一类数字化战略并没有找到可行的实施方案，其推进必然十分艰难。战略学家鲁梅尔特曾经提醒企业管理者，战略必须拥有明确的行动目标以及为实现它而采取的步骤。仅从顶层出发制定的数字化战略难以考虑到企业的关键问题和现实状况，不能为各部门实现数字化战略提供有力的现实抓手，使得具体职能部门推进数字化往往流于形式或半途而废，最终导致企业的数字化转型徒有其表。从某种意义上说，企业之间的竞争最后比拼的是每个企业的组织效率。数字化如果从整个企业的战略出发，那么只是完成了一半，另一半是如何将整个组织串联起来，形成完成数字化战略目标的合力，提升数字化过程中的组织效率。

最后，只有少数企业成功完成了由上至下的数字化战略构建，但其成功难以复制。目前，有部分企业成功完成了数字化战略的设计与执行，且具有战略结构完整、可行性高、成效好等优点。但是这一类企业要么是本身具备极高数字化能力的天生数字化企业，例如腾讯、阿里巴巴、百度等互联网企业，要么是本身拥有丰厚资源的禀赋优势型企业，例如华为、三一重工等传统企业。这两类企业的内在优势是其数字化战略得以实现的重要基础，但这也意味着对其他企业的参考意义大打折扣。按照今天中国企业的数字化实践来推断，企业的数字化实践可能就是"千人千面"的，不同企业数字化的实现路径可能是完全不同的，因此成功企业的数字化经验未必可以被其他企业直接借鉴。如果经验不能被直接借鉴，那么什么是可以被其他企业参考的呢？我们认为成功企业在数字化过程中的"思考"是可以被借鉴的，也是可以穿越不同行业、不同周期的。

1.2.3 实现数字化的关键能力

如前所述，数字化战略在实现过程中出现了各种各样的问题，我们不禁要问，为什么实现数字化转型的道路如此坎坷？实际上，数字化实践之路布满荆棘，是因为当前的实践者还未真正理解数字化转型的核心任务，无法有针对性地解决数字化转型进程中的难点。作为企业战略的重要组成部分，数字化转型为企业带来了明朗的发展前景，但无论是对于已经形成一定数字化竞争力的头部企业，还是对于尚未完成数字化转型的起步企业，如果想要深入推进数字化战略，从根本上提升企业的竞争能力，就必须深刻认识数字化转型的难点，聚焦于关键任务开展工作。具体而言：

第一，企业开展数字化转型的环境更加艰难，需要着力培育环境感知能力。在快节奏的数字化社会中，商业环境瞬息万变，发展机遇稍纵即逝。企业如果缺乏足够的机遇感知能力，就无法保持对数字经济环境的高度敏感性，更无法识别和抓住数字经济蕴含的机会，面临被彻底颠覆的风险。可以说，数字时代企业竞争模式已经从"大鱼吃小鱼"变成了"快鱼吃慢鱼"，这对企业的环境探查能力提出了极高的要求。

第二，企业数字化转型的竞争愈发激烈，需要加速培养竞争优势的迭代能力。过往的实践经验表明，无论环境如何变化，找到能够"以不变应万变"的独特竞争优势才是企业成功的关键。但数字时代的技术发展、全球化、产业聚集和激烈的竞争等使得环境不确定性进一步增大，企业很难保持自己的竞争优势。"问渠哪得清如许，为有源头活水来"，以往能够创造竞争优势的资源在数字时代可能迅速贬值，关键是要把握不断涌现的全新资源和要素，打造全新数字化竞争壁垒，赢得数字化竞争优势。

第三，企业执行数字化转型还会面临战略的"顶层设计"与"底层行动"之间的深刻矛盾，需要有效提升上下协调能力。战略本身是企业的长期行动指南，从设计阶段到执行阶段均应从长期、综合、全面的视角出发，保证战略目标涵盖的利益群体足够广，战略行动手段足够可行，战略预期成果足够可观。目前企业的数字化战略执行存在两种倾向。一种是从顶层设计出发，设计宏观意义上的战略指导，希望借助高层管理群体的权力引导企业整体实现数字化转型。这种方式一方面难以考虑不同部门数字化转型的实际需求；另一方面难以掌控考核不同部门数字化战略的执行情况，有可能导致数字化转型成为一纸空谈，企业数字化转型与组织效能提升成为"两张皮"。另一种是从基层出发，以部门或者业务作为数字化战略执行的基点，以点带面，带动企业整体数字化转型进程。这种方式会造成不同部门"各管一片"的尴尬状况，不仅内部数字化战略执行进度各不相同，更有可能导致优势部门优先获取数字化资源，形成"数字化山头"的尴尬局面。

第四，现阶段的数字化转型经验很大程度上受到企业自身特点的影响，企业需要有结合自身特点形成数字化转型特殊路径的能力。企业数字化转型可供参考的成功案例可以分为两类。一类是数字原生企业，这类企业数字资源充沛。大多数数字原生企业拥有数字化转型的先天优势，可以通过以大数据、云计算为依托的数据分析整理能力和先进的信息技术设施预测用户需求并发展新业务门类，将庞大的数据资源转换成业务增长点。还有少量数字原生企业是物联网、云计算、大数据等数字技术的引领者，是数字化转型进程的领跑者，整个企业的组织结构、业务类型、战略目标都与数字经济密切关联。但是大量的非数字原生企业是以解决生产制造、流通仓储、营销宣传中的具体问题为目标开展数字化转型的传统企业，这些企业并不是数字世界的原住民，没有实现数字化转型的良好基础。因此，数字原生企业的成功难以在非原生数字企业中复制。另一类成功的数字化转型企业是时空资源充沛的企业。观察成功的企业数字化转型轨迹不难发现，大部分企业往往选择从局部到整体的渐进式数字化转型路径，分别开展技术数字化、业务数字化、管理数字化实践，并使它们相互融合，在业务流程、技术培训、组织结构、资源配置等多个方面反复调整，持续推动管理体系与数字技术的融合。这类企业往往动手较早，有较为充裕的时空资源。在数字化逐步冲顶的今天，复制这种缓慢的转型路径对那些尚未找到数字化转型方向的企业而言无疑是不切实际的。

综上，数字化战略不应该是简单的信息化，也不应该是原有信息化战略的延伸，更不应该是对已有成型数字化经验的生搬硬套，而是从各个企业自身的特点出发，以深刻的现实洞察力和战略导向的系统性理论框架来指导数字化战略的建立。总体来看，目前已经成型的数字化战略和转型方案执行门槛较高，难以作为可供分享与传播的经验。对于很多企业的决策者而言，即使已经有一些成功案例，"转什么""怎么转""从何处转"依旧是盘桓在心中的问题，急需有指导意义的数字化方法论。尤其是如何通过数字化切实实现企业的有效增长，而不是"为了数字化而数字化"，这些都需要一套行之有效的数字化方法论，也就是我们接下来将要提到的计算思维的战略数字化。

1.3 计算思维引航战略数字化

1.3.1 什么是战略数字化

在介绍战略数字化之前，我们先想象一个情景。在广袤无垠的大海上有一艘航船，船上有一位经验丰富的船长。船长带船出海多年，深得船上水手们的信任。我们发现，船长虽然经验丰富，但是手中一直握有一个航海的罗盘。这个罗盘会告诉船长，航船是否一直航行在去往目标的正确航线上。这个罗盘可能会告诉船长，航船现在偏离预定航线，正处于北偏东 10 度的方向上，这样船长就可以下令船上的水手做相应的调整，将航船纠正到正北方向。船长指挥航行就好比管理者掌管一家企业，如果想要带好一家企业，让其在正确的道路上持续前进，高层管理者的手中也需要有像船长手中罗盘一样的工具。这个"罗盘"告诉管理者企业是否走在正确的道路上，还告诉企业的成员，应该做什么样的动作和调整让企业这艘大船回调 10 度。数字化转型过程中企业高管手中是否有这样的一个像罗盘一样的工具呢？这就是本节以及本书要着重讨论的内容。

企业数字化不是盲目追赶的风口，而是不得不认真直面的时代命题。面对"企业数字化如何做"的难题，之前谈了很多数字化战略的命题。相比于数字化战略，本书认为今天的中国企业应该更加关注"战略数字化"这一概念。从字面意思上看，"战略"是主体，"数字化"是行动，战略数字化的核心思想是通过数字化手段实现战略目标，强调回归企业的战略本身，将计算思维与数字化血液注入企业躯干之中，从而实现企业整体的增长目标。

为什么强调企业战略而非数字化战略？企业战略关注的是如何获得长久的竞争优势，或者说，如何使企业更好地响应外部环境以持续提升企业经营绩效。从现代管理学的角度出发，战略的纵向层次可以分为纵览全局的公司层战略、聚焦一隅的业务层战略以及指挥行动的职能层战略，三个层次层层递进、相互呼应，构建了企业的多维立体战略格局。从横向的视角以职能部门划分战略则会发现，研发部门有创新战略，生产部门有制造战略，市场部门有营销战略等。

然而，纵向上，大部分企业制定的数字化战略在形式上是全局式的公司层战略，意图作为统领全局的行动纲领，但是在实现过程中往往沦为企业战略行动的一小部分。究其原因，数字化战略没能与企业本身的发展方向深度融合。横向上，数字化战略容易同营销战略、创新战略等低层级的战略相并列，在组织形式上归属于 IT 或数字化部门，自然难以成为企业数字化转型的统领。无论是从横向视角看还是从纵向视角看，企业战略才是企业发展的蓝图，是指引企业前进方向的罗盘。企业数字化实践或数字化转型的根本目的是实现企业增长的战略目标。因此，如果将企业行动的导向重点放在"数字化"而非"战略"上就是本末倒置了。换句话说，与其要求企业实现数字化战略，不如帮助企业完成战略的数字化。

因此，我们提倡的数字化，是以战略为导向的数字化，目的是为企业增长引航。以企业战略为统领进行数字化顶层设计，有助于构建目标一致、协调一体的数字化行动方案。很多企业数字化转型的窘境在于实现局部数字化后，反而很难再构建统一的数字化框架。因为在进行数字化实践的过程中，各个部门缺乏统一的指导纲领，选用了不同的数字化方案，甚至在数字化概念的理解上都存在诸多差异，那么数字化进程推进越深入，部门间的矛盾与不匹配现象就会越多，企业的数字一体化困难也就越大。事实上，企业真正需要的数字化方案一定不是职能或局部数字化，而是从战略的角度出发，在统一目标指引下的体系化的数字方略。企业进行数字化相关行动的最终目的是要服务于企业增长，而企业增长的最重要原动力是形成体系化的竞争优势。战略的引领意义就是指路明灯，以战略为导向才能保证企业在数字化进程中不走偏、不走散。

战略是一门指挥的艺术，是帮助企业整合不同类型资源，构筑核心竞争能力的指挥棒。简而言之，战略其实是告诉企业今天做什么，明天会正确。以战略指导数字化，有助于打造面向未来的独特数字竞争力。目前，数字技术的发展逐渐达到"即插即用"的效果，企业获取数字技术的难度大大下降。技术获取难度的下降缓解了企业的技术研发压力，但也使得企业无法通过单纯的技术应用打造稳固的竞争壁垒。这就启示企业必须在先进技术的基础上合理高效地匹配企业资源，借助资源网络优化能力结构，形成企业自身的独特优势。以往企业开展数字化的过程中，往往将优势部门作为企业数字化资源倾斜的对象，但是大量企业的经验证明，局部最优不能代表整体最优，局部最优带来的不一定是企业增长，也可能是企业原地打转。每个企业都有自己的战略、业务和组织的独特性，将数字化融入战略才能找到最适合企业自身的数字方略。只有从能力塑造的角度出发才能更为精准地调配企业资源，构筑企业独特的数字竞争力，发挥数字化的真正潜能。

1.3.2　如何实现战略数字化

数字化在战略数字化过程中发挥怎样的作用？数字技术让我们有了百度地图、高德地图等导航工具，从此走向目的地的路径规划清晰、省时省力，数字化对于企业前进有着同样的导航意义。数字技术能够刻画企业的前进目标，帮助企业规划和分析每一步的行进路线，同时是协助企业进行动态调整的指示器，能够实现实时记录、监管和反馈，为企业前进方向的实时调整提供强大的动态能力和组织敏捷力。数字情境下组织竞争优势变得短暂而不具有持久性，要求企业能够快速迭代以响应复杂的环境变化。因此，连续数字化转型或许是企业适应环境、获得可持续竞争优势的有效方案。例如，钉钉在几年的时间内经历了从熟人社交平台到协同办公再到智能协同平台的连续转变。在战略指导下的数字化调控，有助于企业在动态变化中稳步发展和推进变革。

数字化赋予企业的不只是数字技术的进步，还有组织数字能力的跃迁。企业需要不断与环境互动，并且常常要在生存与变革之间权衡，或者说，短期经营绩效和长远发展目标对于企业而言往往不可兼得，这就使企业不可避免要面对"近视与远视"的选择题。在以往的战略规划中，企业往往认为要构建持久的差异性才能做到真正地超越对手，保证企业占据竞争优势。长久的竞争优势来源于价值巨大却又难以获取的资源，因此企业必须以长远目标作为资源获取的标准。但快速变化的竞争环境让管理者时常担心，也许企业尚未"基业长青"，就已经"英年早逝"，所以不得以做出短视的决策。长期增长与短期效益"鱼与熊掌"的困境，使得很多企业选择了"先活下来"的短期增长，却给企业的长期发展埋下了隐患。战略数字化塑造的是企业对长短期目标的兼顾，在战略数字化的过程中将战略作为长期目标，并通过计算思维将长期目标拆解为短期行动目标。

因此，战略数字化进程一定是上下联动的整体化过程。在企业战略引领下的数字系统中有一个总体性的目标，我们将其定义为"数字导向"。以数字导向为整个系统的北极星，我们进一步要做的是找到影响这一前进方向的关键要素，计算思维是数字系统的底层思维，我们将对企业进行个性化的分析和拆解，得到可计算的数字体系，这一步骤我们称为"计算分解"。数字体系下企业的各个组成模块都能找到自己在体系中的定位和行动指示，根据统一的战略目标和具体的行动指南展开行动，这一部分称为"数智执行"。数字技术赋予企业的不仅有可计算的数字体系，还有可自我评价并进行迭代调整的动态能力。对数字体系和企业行动的"评价迭代"保证企业自我监控和自我调整。因此，本书的重点在于帮助企业建立一套基于"数字导向—计算分解—数智执行—评价迭代"的数字方略。

总的来说，战略数字化是企业的战略性数字化行动，也是企业数字化具有战略高度的实现方式，强调数字化对组织运作的全面影响。战略引航的意义在于形成协调一致、整合一体的行动方案，数字导航的意义在于形成具有动态性、连贯性、灵活性的数字方略。数字时代进入新的阶段，企业数字化不能仅仅是"摸着石头过河"，需要有规划、有设计地开展。企业数字化的实现既不是某一部门英雄主义式的单打独斗，也不是高层管理者发号施令式的指令要求。实现企业数字化的关键在于形成上下贯通、内外兼顾的完整转型方案，以顶层设计驱动基层行动，以理性规划取代经验主义。如果说以前的数字化转型是建立数字化部门、推出数字化产品的话，那么今后的数字化将是对战略的数字化，数字化管理与企业各个部分深度融合。因此，企业必须牢固把握住战略这一核心要件，回到战略基础要素的维度上，将数字化的计算思维与企业的战略思维深度融合，充分提升企业战略的数智水平，引导战略聚焦数字能力革新，强化数字技术人才培养，从公司整体的角度，以综合、全面、稳健的方式实现企业增长。

第 2 章

数字导向

从组织的角度来讲，一个优秀的管理者有两个任务需要完成：向上支撑战略，向下调动组织效能。"数字导向"是一个可用计算思维量化的经营导向，它和企业的市场表现与战略密切相关，它就像一个指南针，既能帮助管理者一直保持战略定力，坚持战略初心，又能够引领和约束企业各部门的行为活动，使企业上下形成合力，帮助企业构建核心竞争力，并引导企业朝着既定的战略方向不断前进。

本章将会围绕数字导向讨论以下方面的重要问题：什么是企业的数字导向？数字导向的理想终点在哪里？一个理想的数字导向应具备哪些要素？企业的数字导向和企业战略的关系是什么？数字导向能否带来企业的增长？如何识别并应用数字导向？

2.1　什么是数字导向

2.1.1　数字导向的概念

古罗马的哲学家塞涅卡曾说过，"一个人如果不知道要前往哪个港口，那么他永远不会遇到顺风。"对于企业来说也是如此，我们常常将企业比作一艘航行在海上的大船，这艘船不仅需要有正确的航向，还需要比其他船更快地到达终点。因此，除了明确的终点，企业这艘大船还需要所有水手各司其职、齐心协力。数字导向正是管理者手上那个能够指引企业前进方向，并约束企业行为使企业形成合力的重要工具。

准确来说，数字导向是一个可用计算思维量化的经营导向，也就是企业把数字作为主导，用类似计算机程序那样的思考方式来指导和评估公司的运作和业务决策。在计算思维模式下，数字导向被提炼为一个可量化、可拆解的指标，将管理方式转化成一种可以明确衡量和细分的标准。这种标准和企业的市场表现与战略密切相关，它就像一个指南针，在指引企业前进方向的同时，也约束企业的经营行为，规范企业的运营方式，确保企业朝着既定的战略目标快速前进。

在应用范围上，数字导向聚焦于企业的具体业务。这是由于企业的具体业务有较为明确的产品和服务，其竞争市场和竞争对手也较易识别，企业的战略尤其是竞争战略也会聚焦于具体业务。因此，将数字导向聚焦于企业的业务层面对于产品和服务的发展有更清晰的指向性和更强大的执行力。例如，银行有零售业务和对公业务，我们可以看到这两类业务的客户群体不同，银行提供的服务和产品也不同，针对银行多个业务制定不同的数字导向是更加明智、可行的办法。

在时间范围上，数字导向是中长期的管理工具。数字导向是一个用于引导业务发展，培养企业核心竞争力的工具，它和企业的战略密切相关。企业核心竞争力的培养需要较长时间，同时企业的战略也不是一个短期的规划，因此，数字导向应该有一个 3～5 年的中长生命周期。当然，在具体实践中，数字导向的生命周期要根据外部行业环境灵活调整。例如，在金融市场改革和监管力度加强的政策背景之下，银行零售业务的数字导向就要及时调整，例如，转变为以客户为中心的资产管理能力指标。

在形式表现上，数字导向是一个可量化、可拆分、可执行和可反馈的指标，这意味着我们可以把它分解来更容易地理解和执行。计算思维下的数字导向是一个可被计算的指标。数字导向可量化的特征表明它是一个公开、透明的计算指标，这意味着它可以用具体的数字来表示，例如可以用销售额、市场份额等指标来量化公司的表现，可以清晰地向全体企业成员表明企业未来的前进方向。其可拆分和可执行的特征表明数字导向在引领企业经营活动时，并不会以数字导向本身作为各部门的执行目标，而是会进一步拆分为不同的业务能力路径和二级指标，用子指标约束部门行为，每个部门都可以根据自己的任务和指标来执行，从而推动整个企业朝着数字导向的方向发展。由于子指标由数字导向拆分而来，企业各职能部门的优化迭代行为最终都会反馈到数字导向的优化程度上，企业可以通过不断地调整和优化来获得反馈，如果某个部门的执行效果不佳，就可以及时调整策略，以确保整个企业朝着正确的方向前进。通过设计这样一套数字导向及其拆解体系，管理者便能在为企业指明前进方向的同时约束企业的经营行为，确保企业始终走在正确的道路上。

在内涵表达上，数字导向同时体现了企业经营活动最重要的两个属性，即为用户提供价值和为股东创造收益（见图 2-1）。尽管如前文所述，在形式上数字导向是一个数字指标，但并不是任何一个可量化、可拆分的指标都能作为数字导向。数字导向需要同时体现出企业的产品或服务对用户的价值以及企业盈利的重要基础。尽管为用户提供满足其需求的产品或服务并赚取利润，是最简单朴素的经营逻辑，但这种从产品和服务到盈利的转化从来都不是自然而然发生的，而数字导向正是连接起用户需求和经营收益的纽带。举例说明，在线上社交领域，Facebook 致力于提供一个能够让世界各地的用户连接在一起的开放互联的平台，让所有用户都能自由分享内容。对于用户来说，Facebook 最大的价值是它能提供丰富的分享内容和众多活跃的交友对象，满足其娱乐和社交需求。对管理者来说，Facebook 需要将广告有效地投递给广大用户，从中赚取收益。结合产品价值和经营收益，月活跃用户数是一个比总用户数量等指标更合适的数字导向，一方面大量的活跃用户能够创造更多的优质分享内容，为平台创造良好的生态环境；另一方面活跃用户的增多意味着公司能够投放更多的广告，赚取更多收益。

图 2-1　数字导向与经营逻辑

2.1.2　数字导向的目标

数字导向是企业战略管理和经营层面的一个简单高效的管理工具，通过公开、透明的指标及拆解体系，数字导向增强了部门计划和企业总体计划之间的双向交流，让每个员工都能将个人目标和部门及企业目标紧密相连，同时也让企业内不同部门的员工知道彼此工作的实时进展，以便在需要时得到跨部门的资源协助。更重要的是，数字导向为所有部门的工作提供了一个可计算的统一准则，使各部门对指标结果负责，即每个项目的立项和最终验收标准是，项目产出结果能否改善对应的数字导向拆分指标以及能否向上传导，最终提升企业的数字导向。我们可以看到，数字导向用一套简单且清晰的办法，量化了企业的前进方向，并引导着企业的经营活动，让各职能部门紧密配合，发挥组织整体力量，朝着统一的方向快速前进。企业的高层管理者需要思考的一个关键问题是，数字导向的理想终点是什么？即数字导向为企业指明了一个方向，这个方向会将企业引领到什么样的位置是在实施数字导向方略前要考虑清楚的。

数字导向的理想终点是企业战略的既定位置。这就好像一张地图，数字导向指明了通向目的地的路线和标志，而企业战略则是那个目的地。通过数字导向，企业可以清晰地了解自己当前所处的位置，并且知道朝着目标前进的最佳路径是什么。在企业管理方面，阿里巴巴提出的一个理念值得我们借鉴，叫"上一个台阶看问题，下一个台阶做事情"，换句话说，我们可以表达为"认知升维，行动降维"。现代的企业是一个由专业人才组成的复杂合作组织，当这些专业人才在各自的领域埋头于企业日常经营活动时，就是在"做事情"，但如果企业的整体计划和目标不够清晰明确，各个职能部门就会倾向于不断进行自我强化，努力让自己看起来很忙，但实际上做的这些事情并不能推动企业向前发展。为了摆脱这种困境，企业管理者要在组织和领导企业的经营活动之前"上一个台阶看问题"，使企业在战略层面形成共识，包括对外部竞争态势的共识、对内部资源和能力的共识、对战略目标的共识以及如何在竞争中取得竞争优势的行动方案的共识。其中，企业战略的行动方案是提炼数字导向的基础，而战略目标则描述了企业希望在竞争中取得的态势，也是数字导向的理想终点。

数字导向在形式上是一个可量化、可拆分的指标，它引领着企业的经营活动，而企业的战略既定位置同样具有引领作用，是企业在市场竞争中实施一系列举措力求实现的目标。我们要注意区分数字导向和战略目标这两个概念。数字导向不是战略目标的平行概念，战略目标是管理者"站在上一个台阶"期待企业能在市场竞争中到达的既定位置。战略目标本身并不涉及具体的经营活动，管理者会为了到达这一既定位置制定称为"战略"的一系列行动方案。数字导向则是企业各职能部门在"下一个台阶做事情"时的方向指引，以一个具体的指标形式直接引领企业的经营活动。如果数字导向设置合理，各职能部门根据数字导向不断优化经营活动，则企业最终将实现战略目标，到达既定位置。

关于数字导向的理想终点，可以举一个例子说明。对于一家定位于长视频领域的流媒体平台，在面临激烈的市场竞争时，它的战略目标可能是"做到国内第一的长视频市场占有率"。为了实现这一战略目标，该企业可能会采取扩大版权、增加自制节目等战略，并选择"每月用户平均观看时长"这一数字导向作为经营活动的指引目标。用户观看时长的增加不仅意味着平台为用户创造了更多的价值，而且意味着企业有了更大的盈利空间。在该数字导向的指引下，该流媒体平台的核心竞争力将逐渐增强，最终到达既定位置。

2.1.3　数字导向的设定准则

通过上文对数字导向概念的介绍，我们知道数字导向是一个能够被量化的企业经营导向，该指标要满足可计算、可拆分的要求，并且应能反映产品和服务的用户价值，代表对股东未来收益的承诺，体现对企业经营活动的引领等。接下来，我们会用一个清晰的框架，对理想的数字导向应在两个维度上满足六点准则进行详细说明。

一、两个维度

评价数字导向的框架如图 2-2 所示。我们需要从战略和经营两个维度理解数字导向的准则，即一个理想的数字导向应当同时涵盖对企业战略的体现和对具体经营活动的指引。

数字导向和企业战略密切相关，其相关性不仅体现在数字导向的理想终点是企业的战略目标，还体现在数字导向是对企业战略的提炼，实施数字导向将会提高企业的核心竞争力，并最终在市场中取得竞争优势。因此，在向上的战略维度，数字导向要能反映产品或服务的核心价值，并能体现企业的核心竞争力。

图 2-2 数字导向评价框架图

在这里要指出，尽管数字导向和企业战略都对企业的经营活动起到引领的作用，但数字导向不是企业战略（关于数字导向在战略管理中的位置，本书将在 2.2.1 小节进一步介绍）。简单来说，数字导向是从企业战略中提炼的核心关键指标，对具体经营活动的指向性和约束性更强。在把数字导向按照能力路径拆分成指标体系后，企业各部门的经营活动将围绕该体系不断优化。因此，在向下的经营维度，数字导向要满足的是企业盈利先导指标、简单清晰易理解、拆分之后可操作以及结果导向（是企业经营活动的准绳）的要求。

二、六个准则

1. 向上的战略维度

（1）反映产品/服务的核心价值。提供用户需要的产品或服务并从中赚取收益，是企业经营的基本逻辑。无论是在商业模式的设计阶段，还是在产品研发、市场营销阶段，企业面临的首要问题都是目标用户的需求是什么？我们的产品或服务能否满足用户需求，并为其提供核心价值？尤其是在数字时代的背景下，越来越多的企业从原有的以产品为中心的思维转向以用户为中心的思维，突出产品或服务对目标群体的核心价值，这对于企业在竞争中获取优势和持续盈利至关重要。马克思在《资本论》中说："商品价值从商品体跳到金体上，像我在别处说过的，是商品的惊险的跳跃。这个跳跃如果不成功，摔坏的不是商品，但一定是商品占有者。"[①]

在数字导向中反映产品或服务的核心价值将保证企业始终走在正确的道路上。企业的一款产品或一项服务，如果不能为用户创造价值，那么一定会被市场淘汰。相反，如果该产品或服务能持续地为企业创造营收，那么它一定是满足了用户的需求，为用户提供了价值。因此，当我们为企业挑选一个引领并约束企业经营行为的数字导向时，要使数字导向更多地体现产品或服务为用户创造的核心价值。举一个具体的例子说明，对于一个在线问答类的社区，其核心价值是为用户提供丰富且多元

---

① 马克思. 资本论（第一卷）. 北京：人民出版社，2004.

的问题解答，那么选择"平均每个问题下的回答数量"作为该社区的数字导向是一个较为合理的方案，该指标不仅直接体现了产品的核心价值，还确保产品的每次迭代更新都能更好地满足用户的需求，确保产品始终走在正确的方向上。

（2）体现企业的核心竞争力。在市场竞争中，制定战略并围绕企业战略开展经营活动是大多数企业的共识，但并不是所有的企业都能在竞争中获得成功。这是因为战略的实施需要企业对现有的资源和能力进行有效整合，以形成企业的核心竞争力，最终才能取得竞争优势。

数字导向是对企业战略的提炼，用一个关键指标体现企业在当前战略下要形成的核心竞争力。为了塑造核心竞争力，实施数字导向方略是一个行之有效的办法，用数字导向及其拆分的指标体系引导企业的经营活动，实现对分散在各部门的资源和能力有效整合。例如，在数字化的背景下，在咖啡、奶茶等行业中，越来越多的用户会采用线上点单、线下取餐的消费方式，而许多连锁品牌会推出自己的 App 和小程序。相比于传统线下点单的方式，新的交易模式无疑增加了用户触达的广度和深度。星巴克等连锁品牌纷纷推出了自己的数字化战略，希望利用数字技术和在线平台来推广产品、与顾客互动以及提供个性化的体验，希望形成数字营销的核心竞争力。那么，线上用户的生命周期价值是一个可选的数字导向，星巴克等连锁品牌可以围绕该指标，在 App 内快速迭代营销策略，逐渐提升数字营销这一核心竞争力。再比如，对于优步等网约车企业，在发展初期，其核心竞争力是平台上大量的注册司机以及企业的运营能力。企业希望吸引更多的司机并提供良好的服务。为充分发挥共享经济的存量优势,利用已经注册的司机资源来实现业务的增长和发展,可以选择每周活跃的司机数量作为企业发展初期的数字导向。这一指标不仅能反映产品的核心价值,例如为车主用户提供灵活的工作机会,以及为乘客用户提供便捷低价的出行选择,而且能引导企业形成盘活共享经济存量资产的运营能力,帮助企业更好地利用已有的共享经济资源,更加专注于有效地管理现有的司机资源,进而提高整体运营效率和业务盈利能力,最终取得竞争优势。

2. 向下的经营维度

(1)企业盈利先导指标。宏观经济学中存在着先导指标和滞后指标的概念,它们提供了不同时间点上的经济信息,帮助分析者和决策者理解经济周期的不同阶段。其中,先导指标会在经济周期或市场趋势来临之前发生变化,因此可被用于预测有关未来的经济趋势。例如,建筑许可证申请数量、采购经理指数(PMI)都是先导指标。建筑许可证申请数量增加可能预示建筑业将会增长,这通常是经济增长的一个早期信号,因为建筑活动的增加会带动就业和消费。PMI则反映制造业、服务业等行业经济健康状况。PMI高于50通常表示行业扩张,低于50则表示行业收缩,该值上升可能预示着经济活动的增加。与此相对,滞后指标是在经济变动发生后才表现出变化的指标。这类指标用于确认和分析已经出现的经济趋势,对于评估当前经济状况和完成历史性分析很有帮助,如失业率和年度GDP等。

将宏观经济中的先导指标和滞后指标的概念应用到企业战略管理

中，可以大大提高决策的前瞻性和准确性。在选择适合的数字导向时，理想的做法是选取能够体现企业未来盈利的先导指标，这样的指标不仅能够反映即将到来的市场趋势，而且能预示企业在竞争中可能获得的优势以及未来盈利潜力的提升。

从理论上分析，数字导向作为一个企业战略管理的工具，具有可量化和可拆分的特性，其核心作用在于引领并约束企业的经营行为。数字导向连接用户需求和股东利益，通过分析市场数据和消费者行为，企业可以调整产品或服务以更好地满足市场需求，同时也能通过优化运营效率和成本控制来增加股东的投资回报。数字导向也是企业营收的前移，引领管理者将关注重点从市场营收前移到具体的经营活动上，例如通过改善运营管理、提高产品质量、优化客户服务等来提前保障和增加营收，而不是单纯地关注市场营收的最终数字。因此，数字导向并不是一个如"市场占有率"这样的滞后市场指标，也不是如"年度利润"这样的滞后财务指标，而是能够反映企业当下应执行的核心任务的指标，如金融机构要提高"客户财富规模"到既定值等。在实现核心任务后，企业自然更容易在市场竞争中快速增长，为盈利奠定基础。

相较于一般的指标，先导指标的重要性在于它能够预测企业在未来一段时间的营收能力，使得管理者能预见一些问题，能及时对企业的经营活动做出调整。以在线社交领域为例，当一款新的社交产品发布时，创始团队和投资人自然都会希望产品的用户规模能够快速增长，从而实现市场占有率的提升，为未来的盈利创造条件。此时，选择"月新增用户数"作为创始团队的数字导向，与企业要实现的战略目标是一致的，但这并不是一个理想的数字导向甚至是存在风险隐患的数字导向。因为月新增用户数并不是企业盈利的先导指标，而月活跃的用户群体才是企业盈利的基础，因此，应使用"月活跃用户数"作为经营的数字导向。当一款新的社交产品通过营销手段吸引了大量新增用户，但活跃用户群体始终不见增长时，这可能是产品的用户留存能力出现了问题，创始团队应及时将经营活动的重心从增加新用户转移到提高用户留存率上，如更新产品内容，提供更简单易懂的用户使用指导等。在用户留存率得到改善后，月活跃用户数的增加不仅能增强该社交产品的网络效应，为用户创造核心价值，而且能为企业向用户投放定向广告，实现流量变现的盈利模式提供基础。

（2）简单清晰易理解。德鲁克曾谈到一个清晰明确的目标对企业的重要性："组织必须目标明确，一心一意，否则其成员就会感到困惑，只是埋头于眼下的事情，而不是把自己的专业知识用来完成组织的共同任务。"尤其是在企业规模不断扩大和专业分工日趋完善的当下，企业常常有这样一个愿望，即希望每个部门、每个员工都能紧密配合，使企业形成整体的力量，但这并不是一件轻松容易的事情。管理者应化繁为简，遵循德鲁克的管理思想，用一个简单清晰、每一个员工都能理解的数字导向，使各部门在企业的前进方向上形成共识，并围绕这一方向开展各自的项目。

选择一个简单清晰的数字导向意味着计算方式的简便，这使得数字导向就像组织的定位导航，让企业中的每个成员都能够一目了然地看到公司的经营状况和发展路径。一个容易理解的数字导向意味着各职能部门对企业在未来阶段要优化的内容在理解上不存在偏差，并且能够围绕数字导向有效地制定本部门的项目活动，从而发挥出组织的合力。总的来说，对现状和方向的共识以及对举措的准确认知，不仅便于团队内部交流，而且便于跨团队的资源协同与合作。因此，选择的数字导向一般不要太复杂。例如，对于一家音乐流媒体企业来说，"平均用户听歌时长"是一个比"每月听歌超过 20 小时的用户占比"更加简单清晰易理解的指标，也更方便进一步拆分为一套具体的指标体系，从而实现对企业经营活动的引领和约束。

（3）拆分之后可操作。数字导向代表着企业的前进方向，是企业战略的提炼，但在具体的实践中，企业各职能部门不会对数字导向这一指标进行直接优化，而是根据数字导向拆分后的能力路径和二级指标，不断迭代、优化自身的经营活动。因此，理想的数字导向要满足可拆分且拆分之后可操作的准则。

可操作通常意味着有一个明确的目标、一个具体的行动方案以及一个准确的评价指标。德鲁克在《管理的实践》中曾讲过一个故事，在问到三个石匠他们在做什么时，第一个石匠回答："我在养家糊口。"第二个石匠回答："我在做全国最好石匠做的工作。"第三个石匠则回答："我正在建造一座一百米高的教堂。"如果将养家糊口、最好石匠做的工作和一百米高的教堂作为备选数字导向，显然"一百米高的教堂"是一个更加理想的数字导向，这不仅因为它本身是一个明确可量化的指标，而且因为这一导向可以进一步拆分为在操作层面可执行的一系列子指标。

　　具体来说，拆分之后可操作首先要求数字导向拆分后的指标能够对应具体的业务场景，从而让每个业务部门都能有自己的优化目标。只有在具体的业务场景中，各职能部门才能在识别现状、发现业务问题、找到问题原因的基础上，提出一套解决方案，最终实现业务的优化。业务优化能否有效地提升数字导向，取决于拆分策略的有效实施。

　　在以计算思维为基础的数字逻辑下，可操作要求拆分后的指标能够与机器学习算法平台或数字化平台融合。在经营层面，企业应追求业务快速迭代优化的能力。在传统模式下，为优化一项经营活动，企业需要手动记录每次经营活动的输入变量、优化后的输出变量。将数字导向的指标体系和数智平台结合后，所有与经营活动相关的变量都会以数字的形式输入平台中，管理者可以利用机器学习算法或 A/B 测试（A/B Test）管理工具，同时对多个业务场景进行迭代优化实验，从而实现经营层面业务活动的加速优化。以银行业为例，成为"财富管理专家"是许多商业银行的战略愿景。为实现这一愿景，银行可选择"资产管理规模"（asset under management，AUM）作为数字导向，并将其拆分为多个可执行的子指标，这些子指标会对应一些具体的业务场景，例如金融产品推荐、客户留存等。针对这些业务场景，职能部门可制定可操作的方案，并借助数智平台实现经营活动的快速迭代和优化。

　　（4）结果导向。与传统的战略管理工具不同，数字导向更加强调结果导向，企业所有的迭代、优化经营活动都要对拆分后形成的业务抓手指标以及最顶层的数字导向负责，因此，数字导向及其拆分体系应满足可反馈、结果导向的准则。在评价职能部门的经营策略时，最直接的标准就是这套方案实施后,对业务抓手指标和数字导向有多大的提升。

例如,对于一家银行,在没有执行数字导向方略前,各部门按照银行总部的战略规划来制订本部门的年度计划,最终的考核目标也仅仅为是否完成本部门的年度计划,但这种方式弱化了公司层战略对具体经营活动的引领和约束。相反,执行数字导向方略后,银行成立了金融科技创新基金,将每年利润的1%投入该基金(而不是各个部门)和已经被界定好的具体项目,从立项阶段就要求各部门自下而上地发起项目,并证明自己的项目对数字导向具有提升作用。在结项阶段,要求每个部门的验收不仅要反馈到拆分后的子指标,还要对数字导向负责。在计算思维下,经营活动要实现全过程数字化,经营活动的立项、执行、反馈和迭代闭环可在数字导向实验平台上自动地快速实现。

2.1.4 数字导向的优劣评判

在掌握评价数字导向的两个维度和六项准则后,管理者可以使用这一数字导向评价框架,从数个备选数字导向中,为企业选出最理想的数字导向。下面用一个具体的案例来说明什么是好的数字导向,什么是坏的数字导向。

一、案例背景介绍

B站(哔哩哔哩,bilibili)创立于2009年,是一家视频网站,也是国内领先的年轻人文化社区,截至2022年底,拥有高达3亿的月均活跃用户和接近1亿日均活跃用户。从产品的内容属性和用户价值来看,

B 站最初从 ACG（动画（animation）、漫画（comic）、游戏（game））视频内容的创作与分享发展而来，其典型特点是二次元和弹幕的结合，观众用户和视频 UP 主（通常指的是在视频分享平台上传和发布视频内容的用户）共同组成了一个用户黏性较高的文化社区。在发展过程中，B 站加入了更多品类的视频内容，从最初的 ACG 相关的品类，到后面的音乐、舞蹈、科技、生活类的视频内容。在视频内容不断破圈的过程中，B 站成为无所不包的知识创作分享平台，同时也接纳了更多元的用户群体，但始终未改变它的核心价值，即为年轻人提供一个优质的创作社区，在每一个内容创作区，都有一部分用户为表达自己的热爱和才华发布自己创作的视频，而另一部分用户观看这些内容，并以自己的标准进行筛选和反馈，他们在 B 站这个社区中形成了紧密的连接。B 站董事长在 11 周年庆上，提出了 B 站未来的三个使命：第一，构建一个属于用户，让用户感受美好的社区；第二，要为创作者搭建一个舞台，让优秀的创作者能够在这个舞台上施展自己的才华；第三，让中国原创的动画、游戏受到全世界的欢迎。

二、数字导向评价

在此背景之下，B 站尝试使用数字导向评价框架，从用户观看视频时长、用户点击视频数量和新增视频发布量中选择一个理想的数字导向。

如表 2-1 所示，使用数字导向评价框架对三个备选指标进行评估。

表 2-1 B站数字导向评价框架

准则	数字导向		
	用户观看 视频时长	用户点击 视频数量	新增视频 发布量
反映产品/服务的核心价值	强	较弱	较弱
体现企业的核心竞争力	较强	较弱	较强
企业盈利先导指标	强	较弱	弱
简单清晰易理解	强	强	强
拆分之后可操作	强	较弱	弱
结果导向	强	强	强

说明：指标时间跨度均为每月。

1. 反映产品/服务的核心价值

用户观看视频时长和用户点击视频数量都是反映用户为满足自身需求而进行的视频观看行为，同时也意味着对 UP 主原创视频的认可，区别在于两者体现的交互深度不同。用户观看视频时长增加，可能意味着用户在单个视频中沉浸感的提升和潜在弹幕交互行为的增加，代表用户和平台连接关系增强。用户点击视频数量的增加，意味着用户能够触达更多的视频，但单纯点击量的增加并不能保证每个视频都有较高的完播率。结合 B 站的价值主张——创造 Z 世代（通常指 1995—2009 年出生的人群）乐园，为青年人提供文化社区，及其主要产品类型——用户上传的原创视频（主要指 5～30 分钟的横版视频），B 站的用户价值更偏向于具有沉浸感的文化消费。因此，用户观看时长更能反映 B 站的核心价值，而用户点击视频数量更适合反映短视频平台和搜索引擎的视频检索结果。第三个指标，新增视频发布量，反映了 B 站的一部分用户价值，即为创作者搭建一个自由表达的舞台，但并不能反映视频的质量是否优质，也不代表用户和平台的连接是否增强。

2. 体现企业的核心竞争力

结合背景资料分析，B 站区别于其他视频平台的地方在于其独特的、用户黏性极强的社区文化，因此 B 站的核心竞争力来源于两个部分：一是基于 ACG 的年轻社区氛围；二是超过 300 万的月活跃 UP 主。以用户观看视频时长为数字导向，对平台的运营活动进行优化，是维系用户黏性和社区氛围的必要举措。在实际运营中，完播率也是 UP 主获得平台奖励收入的重要指标，因此提高用户观看视频时长有助于 B 站增强核心竞争力。新增视频发布量将分析视角更多地聚焦于 UP 主一侧，大量的用户原创视频是 B 站区别于其他视频网站，形成核心竞争力的源泉。与此相对，用户点击视频数量在反映 B 站核心竞争力方面就弱了一些。

3. 企业盈利先导指标

无论是用户观看视频时长、用户点击视频数量，还是新增视频发布量都有可能成为视频平台的盈利先导指标，但在 B 站的背景下，指标的增长能否转化为企业盈利，则与 B 站的盈利模式密切相关。与其他视频平台不同，B 站在视频开头不会增加片头广告，也很少存在信息流形式的插入广告，因此在视频领域的收入主要来自会员付费和直播打赏及礼物。其中，会员付费和平台的版权直接相关，也和用户对平台的黏性和忠诚度有关，用户黏性的增强意味着用户更有可能成为付费会员用户。此外，在直播情境下，用户观看时长的增加意味着观众和主播之间交互深度的增加，进而更有可能为主播送出礼物。因此，观看时长的增加意味着平台更有可能从付费会员和直播打赏等渠道获取收益，而点击量和视频发布量，在 B 站的盈利模式下并不是理想的盈利先导指标。

4. 简单清晰易理解

在该项评价准则下，上述三项指标都满足要求。在形式上，用户视频观看时长和用户点击视频数量是用户平均值，新增视频发布量是平台的总值。在具体含义上，三个指标也都十分容易理解且表达准确，不容易产生歧义。

5. 拆分之后可操作

除了数字导向本身，指标体系的构建也十分重要。从数字导向的选择结果来看，可能很多家不同的企业都选择了同一个数字导向，但企业的愿景、战略、价值主张等重要内容会体现在拆分后的数字导向指标体系中。以 B 站为例，如果选择用户观看视频时长作为数字导向，可以先按照公式法将其拆分为单次观看时长和观看频率两个子指标，再按照能力路径，从运营能力和视频创作能力等方面搭建数字导向指标体系并制定可操作的经营活动。例如，鼓励用户发送更多的弹幕，提高用户参与度和黏性，探索根据完播率、点赞量等指标向 UP 主发放奖励，提高 UP 主视频制作质量和上传数量。相比之下，点击视频数量和新视频发布量则较难拆分为具有可操作性的指标体系。

6. 结果导向

上述三个指标均满足可反馈的条件。进一步，在数智平台的辅助下，针对每项指标的经营优化实验会自动进行迭代。在多个实验周期结束后，数字导向的提升结果会作为各项经营活动的评价标准，直接显示在数字看板上。

7. 总结

对照评价数字导向的两个维度和六项准则，用户观看视频时长是一个更适合 B 站的数字导向。值得注意的是，尽管观看时长是一个普遍的数字导向，可能也适用于其他的视频平台，甚至音乐平台，但该数字导向对 B 站依然具有独特的价值。关键点在于确定数字导向后，管理者要将更多的精力投入到指标的拆分计算，以体现 B 站的愿景、企业战略和价值主张等内容。

2.1.5 数字导向的数量选择

在同一时间点，企业可能存在多个数字导向，但在每一个战略业务单元或单个产品市场上，只有一个数字导向。当一家企业实行多元化的公司层战略时，企业在不同的产品市场上会面对不同的客户群体，客户的需求具有独特性，企业提供的产品也各不相同，如果企业只选择一个数字导向，则难以协调企业内部的资源配置和各战略业务单元的经营活动。此外，一个服务多个产品市场的数字导向，也与"反映产品/服务的核心价值""体现企业的核心竞争力"等准则相违背。在单个产品市场上，企业的业务团队只有一个数字导向。唯一的数字导向将为企业提供清晰的指引，在突出经营活动优先级的同时，将各职能部门的资源和能力聚焦在一个点上，发挥出整体凝聚力和协同效应，从而在聚焦点上积累强大的核心竞争力。

在企业的不同发展阶段，企业战略会有所改变，数字导向也可能随着战略的改变而发生改变。数字导向作为一个引领和约束企业经营行为的指标，在短期内不应该频繁地发生变动，但随着企业进入不同的发展阶段而对战略进行调整时，数字导向也应该随之发生变化，但数字导向的引领作用和 6 项准则是始终不变的。例如，网飞公司（Netflix）最初从事 DVD（Digital Video Disc，高密度数字视频光盘）的租赁服务，用户在网站上下单，网飞将用户订阅的 DVD 邮寄到指定地址。在当时的美国 DVD 租赁市场上还存在着另一家大企业 Blockbuster，为了能够在与 Blockbuster 的竞争中获胜，网飞将经营的重点放在了服务体验上，选择"次日送达 DVD 的订单量占比"作为核心优化指标。随着互联网的普及，美国的 DVD 租赁行业逐渐衰落，在此背景下，网飞转变了发展战略，将公司的主营业务从 DVD 租赁转移到提供流媒体服务上，并开始参与影视产品的投资与制作。在产品市场和公司战略都发生变化的背景下，网飞及时调整数字导向，选择"用户每月观看时长"作为新的数字导向，如今网飞已经成为流媒体行业的巨头，截至 2024 年第 4 季度，网飞在全球拥有超过 3 亿的付费订阅用户。

2.1.6 数字导向的常见错误

数字导向及其背后的计算思维是企业在激烈的市场竞争中培养核心竞争力并获得竞争优势的关键。如果对数字导向方略理解不够深入，企业则可能在实践中走上错误的道路，为企业经营埋下严重的危机。下面列出了企业在使用数字导向方略时可能犯的三个错误。

1. 选择了一个滞后的指标

在评价一个数字导向是否合理时，要强调该数字导向与企业的经营活动密切相关，应该是企业盈利先导指标。但在谈到企业的目标时，企业的管理者往往会首先想到和财务或市场相关的指标，例如年盈利额目标、市场占比等，这类指标在指导企业经营活动时存在滞后性，尤其是对一些以付费订阅为盈利模式的企业。例如，对于提供 SaaS（软件即服务）的企业，用户的一次订阅服务周期可能长达一年，这也意味着在一次营销推广之后产生的财务指标存在一年的滞后期。如果管理者没有关注到用户的实际使用情况，在订阅期结束之后，企业就可能面临付费订阅用户大量流失的情况，此时再想采取一些措施挽留用户，已经错失了最佳时机。

2. 缺乏对数字导向指标体系的理解

数字导向是对企业战略的提取和量化表达，但一个单一的数字导向难以概括战略全貌，只有对数字导向进行详细的分解，用一个指标体系还原企业的愿景、战略、价值主张等内容才能引领企业在正确的方向上快速前进。举一个例子来说明，企业最终要优化的变量就像篮球比赛的记分板（得分）。如果仅看记分板，只能知道球队领先或落后对手多少分，但教练需要对整场比赛进行更深入的分析，例如投篮命中率、三分命中率、篮板和助攻等多个维度的情况，才能制定针对性战术，此时就需要对记分板（得分）进行详细的拆解。对应到具体的企业经营中，"用户观看时长"就是这样一个记分板式指标，单这一个数字导向并不能凸显出 B 站致力于为 Z 世代创造文化社区的核心价值及相关竞争战略，这些需要在进一步的指标体系构建中加以体现。

3. 忽视指标之间的相互影响

在对数字导向进行拆解的过程中，一些子指标之间可能并不是独立的，尤其可能存在这样一种情况，针对一个指标进行优化在长期可能会导致另一个指标下降，企业管理者常常会忽视这种指标之间潜在的相互影响，当他们在实践中认识到这一点时，可能为时已晚。例如，一家移动社交行业的公司当前的战略重点是提高变现能力，一条可行的路径是对产品功能进行升级迭代，提高用户参与度，另一条可行的路径是在用户的使用过程中，插入更多的广告。从短期来看，加入更多的广告对公司的变现能力有立竿见影的提升效果，同时也不会明显地降低用户使用产品的时长和频率，但从长期来看，加入更多的广告会降低用户的使用体验，导致用户留存度下降，最终影响公司收入，甚至陷入恶性循环，这对公司的良性发展是极为不利的。

2.2 数字导向引领企业增长方向

数字导向是企业战略管理的重要工具，在提炼战略的基础上，数字导向用一个清晰的可计算指标引领企业的经营活动，使企业各职能部门形成一致的战略共识，保证企业不发生方向上的错误。从战略管理过程的视角来看，数字导向有效连接了战略制定层的企业战略和战略执行层的经营活动，使企业各部门在围绕数字导向小步快跑的实践中，快速积累企业的核心竞争力，进一步形成市场中的竞争优势。

接下来本书将回答：数字导向在战略管理中的位置在哪里？数字导向与企业核心竞争力的快速增长有什么关系？

2.2.1　计算思维下的战略管理框架

数字导向本身并不是企业战略，但它解决了如何将企业战略和经营连接起来的重要难题。首先我们借助框架图 2-3 梳理战略管理以及数字导向在战略管理中的位置。

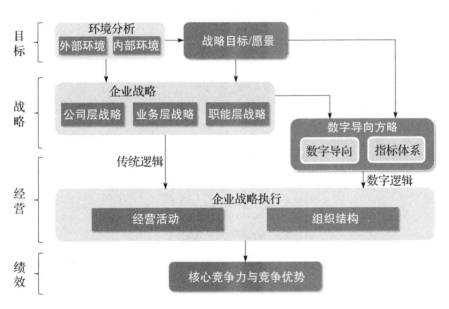

图 2-3　数字导向与战略管理

在图 2-3 这张框架图中可以看到很多和企业战略相关的术语，例如环境分析、战略目标/愿景、企业战略、经营活动、核心竞争力以及本书提出的数字导向方略等。在面对如此多的术语时，企业的一些员工甚至管理者常常不清楚它们的准确含义以及彼此之间的逻辑关系，进而在讨论企业战略时产生术语混用，导致沟通不畅，甚至引发战略管理的混乱局面。接下来，本书将详细说明这些术语的含义和彼此间的逻辑关系，清晰地指出数字导向方略在战略管理中的位置。

1. 环境分析

战略管理的第一步是对企业的外部环境和内部环境进行分析，以确定外部机会和威胁以及内部资源和能力等。

在分析企业的外部环境时，企业主要考虑总体环境和行业环境，其中，总体环境包括竞争市场的人口、经济、法律和社会文化等宏观因素，尽管企业无法直接控制或改变总体环境，但对这些变量的趋势预测，能帮助企业更好地采取行动。行业环境是指一系列可以直接导致企业竞争行动的因素，具体可以用波特的五力模型来描述：替代品威胁、买方议价能力、供方议价能力、新进入者威胁以及现有竞争强度。

企业的内部环境主要包括企业的资源和能力，这决定了企业能创造什么价值，是企业制定和执行战略的基础。其中，企业拥有的资源包括厂房、信息系统等有形的资源，品牌声誉、员工能力等无形的资源。资源本身并不能为用户创造价值，只有将这些资源结合在一起，企业能够有效地利用资源组合来执行特定任务或达成特定目标，才能为用户创造价值。

在完成对企业内外部环境的分析后，这些分析结果会影响企业战略目标的选择以及企业战略的制定。

2. 战略目标/愿景

值得注意的是，在战略管理框架图中，并没有将战略目标和愿景纳入战略的范畴，这是因为战略目标或愿景本身并不是战略，而是企业在实施战略后期望达成的态势。毫无疑问，确定恰当的目标是制定战略的重要步骤，但单纯的口号无法成为战略。具体来说，愿景是指公司希望成为什么，是对组织理想状态的描述，例如，麦当劳的战略愿景是成为世界上最好的快捷服务餐厅。战略目标是企业在竞争市场上希望抵达的终点，例如，成为中国新能源汽车市场占有率第一的品牌。显然，如果企业的战略目标或愿景不够明确，就难以引导企业制订正确的战略计划。此外，企业的战略目标还是数字导向的理想终点。

3. 企业战略

在确定企业的竞争态势后，就要制定方案以填补现状和应有态势之间的差距。关于企业战略，管理学家罗宾斯将其定义为"关于企业如何经营、如何在竞争中获得成功，以及如何吸引和满足顾客以实现企业目标的各种方案"。管理者应该在充分考虑企业外部风险和机遇以及企业能够获得的内部资源和能力后，以战略目标为理想终点，制定出有助于企业实现竞争优势的战略。按照迈克尔·波特的理论，企业战略一般包括三种类型：公司层战略、业务层战略和职能层战略。

公司层战略是确定公司从事或想从事什么业务以及公司想用这些业务做什么的战略。简单来说，公司层战略主要关注两方面的问题：一是公司应该在哪些产品市场和业务领域进行竞争；二是公司总部应该如何管理这些业务。多元化是常见的一种公司层战略，多元化可以使企业灵活地转向高投资回报的市场，相应地减小了企业收入的不确定性。从企业主营产品生命周期的视角出发，公司层战略又可分为成长战略、稳定战略和更新战略。

业务层战略是确定企业如何在特定业务上展开竞争的战略，强调在具体的产品市场中，用来开发核心竞争力以获得竞争优势的一系列关系紧密、相互协调的行动。企业将为用户创造价值并赚取收益作为基本的经营逻辑，因此，任意一家提供产品或服务的企业都会面临特定的用户需求和竞争市场，也必然需要制定一种业务层战略。业务层战略的核心之一是使企业与其他竞争对手之间形成差异，这种差异可能来自细分市场的目标客户群体，也可能来自产品或服务的不同。因此，在单一市场上寻求差异化的企业战略一般都为竞争战略，例如丰田汽车内部将汽车品牌分成丰田和雷克萨斯，普通丰田以经济可靠为卖点，而雷克萨斯则以乘坐的舒适性和行车安静为差异化特征，成功的差异化战略使丰田汽车同时抢占了汽车的经济市场和高端市场。业务层战略的另一个核心是使企业在特定的竞争维度上，超越其他竞争对手。例如，美国西南航空公司就成功地运用了成本领先战略，通过少量的飞机型号、高于平均水平的客机利用率，以及精简高效的地勤和机组人员等紧密相关的业务活动形成了其他竞争对手难以超越的竞争优势。

职能层战略是企业为实施公司层战略和业务层战略而对各职能部门行动方案的规划，职能层战略常常体现为职能部门的主管在高层管理者授权下制定的部门年度规划或发展方案，例如研发战略、生产战略、人力资源战略、财务战略等。

企业战略在制定后，还需要有效的战略执行，才能积累核心竞争力，实现既定战略目标。在计算思维和数字化背景下，企业战略对经营活动的引领和约束将通过数字导向方略准确而高效地实现。尽管数字导向方略适用于每一种企业战略，但本书主要将数字导向聚焦于业务层战略的理论分析和方法实践。

4. 数字导向方略

数字导向是一个可用计算思维量化的经营导向。在计算思维模式下，数字导向被提炼为一个可量化、可拆分的指标，它是指向终点的方向标，告诉每一位员工企业前进的方向，它与企业的战略目标和战略本身密切相关，是连接客户需求和企业营收的纽带，被用来培养企业核心竞争力和引领企业发展。数字导向增强了各职能部门计划和企业总体计划的双向交流，让企业中的每个员工都能将个人目标和总体目标紧密相连。更重要的是，数字导向及拆分后的数字导向指标体系为企业的经营活动提供了可量化、可反馈的统一指标，使各部门的经营活动优化直接体现为对应指标的提升，从而实现经营活动的不断迭代优化，引领企业朝着正确的方向小步快跑。

5. 企业战略执行

正如前文所述，任何一家企业的管理者都要负责提出战略目标和愿景，制定一种或多种业务层战略，并提炼出数字导向。战略一旦形成，就必须付诸执行，以达到预期目的，因此，管理者还需要确保企业战略能够高效地执行。在思考这一问题时，管理者要认识到：首先，战略要进行分解，只有将大的战略分解成多个小的战略规划，并对应各个部门的具体经营活动，才能实现有效的执行和控制。其次，战略的有效执行需要相匹配的组织框架，当企业的战略与组织结构不匹配时，组织结构就不能支持战略的需求和优先级，企业无法顺畅和有效地执行战略，会直接影响企业的运营效率和市场反应速度，企业的经营绩效就会产生下滑。简单来说，企业战略执行包括两部分：匹配的组织结构和分派经营活动。

组织结构是组织内正式的工作安排，指明了公司正式的报告关系、程序、控制和授权等。其中直接关联到战略的一个关键因素是，如何在组织内部不同层级之间传递决策和执行的反馈信息，例如，企业的业务层战略要分解成多少个维度和层次才能指导基层的业务活动，以及基层员工在执行活动时遇到了问题该向谁汇报、向谁寻求帮助等，都是由组织结构决定的。艾尔弗雷德·钱德勒最早开展相关的研究，他发现企业战略改变时需要组织进行相应的调整，但组织的惯性会阻碍这种变化，因此管理者在实施企业战略时，要有主动调整组织结构的意识。

在设计思想方面，组织结构分成机械式组织结构和有机式组织结构。机械式组织结构是一种强调严密控制的组织设计思想，坚持清晰的职权关系和较窄的管理跨度，通常采用更多的规章制度来实现高层管理者对基层行为活动的控制。有机式组织结构是一种强调高度适应性的组织设计思想，通常存在跨层级的团队和较宽的管理跨度。管理者可根据企业战略，在这两种组织结构中进行选择。以一家商业银行为例，在"增开网点，增加客户触达"的战略思想下，组织面临的是一个相对固定且成熟的任务，因此更倾向于选择机械式组织结构，以提高工作效率和控制成本。但在转向"以客户需求为中心"的战略思想后，银行面临的是多样化的客户需求和快速变化的环境，需要信息的快速流动和反馈，此时就应在组织结构上更加偏向于有机式组织结构。在具体的形式上，组织结构可分为简单组织结构、职能型组织结构和事业部型组织结构，这里就不再一一展开。值得注意的是，同样是职能型组织结构，在面对不同的企业战略时也存在差异。例如，在实行成本领先竞争战略时，运营是主要职能，强调生产过程而不是新产品研发，其整体思想偏向于机械式组织结构。在实行差异化竞争战略时，跟踪客户需求和研发新产品是主要职能，强调产品研发，信息需要在组织内灵活流动，其整体思想偏向于有机式组织结构。

经营活动是指企业为实现战略目标而进行的各种活动，是战略的具体实施方式，包括生产经营、市场营销、财务、组织管理、人力资源管理、研发等方面的活动，如表 2-2 所示。在执行这些活动前，战略部门需要对企业战略进行拆解，并将拆解后的可操作任务分配到各职能部门，各职能部门再以此为基础结合内部资源和能力制订相应的经营计划。在执行经营活动时，企业需要时刻关注战略和执行的一致性，对经营活动的实施情况进行监测和评估，以确保各项经营活动符合企业整体的战略规划，避免职能部门陷入局部优化的陷阱。如果发现经营活动与战略存在冲突或者不一致，企业需要及时调整，以保证企业战略的实现。

表 2-2 企业常见的经营活动

生产经营活动	企业将原材料加工成商品或提供服务来创造价值
市场营销活动	企业通过市场调研、销售推广等活动促进产品或服务的销售
财务活动	企业通过融资、投资、财务管理等活动来获取和管理资金，支持企业的发展和其他经营活动
组织管理活动	企业通过组织、计划、执行、控制等活动管理和优化企业的资源和流程，确保企业高效运转
人力资源管理活动	企业为获取、管理、培训和保留员工而开展的一系列活动
研发活动	企业通过研发新产品、技术和业务模式等活动来提高自身的竞争力和创新能力

总的来说，战略制定和战略执行是紧密相关的两个环节，只有在战略制定和战略执行之间保持良好的衔接和协调，才能确保各部门行动一致，资源得到最佳利用，企业才能在市场竞争中取得竞争优势并实现快速增长。这两者的顺利衔接面临一些挑战，一方面是来自经营活动的挑战，包括战略的合理拆解和分派，以及如何有效地约束经营活动和企业战略保持一致性；另一方面是来自组织结构的挑战，组织结构需要根据企业战略及时调整，但这往往因组织惯性而受到阻碍。

6. 核心竞争力与竞争优势

当企业成功地制定并执行战略后，就会获得核心竞争力，并且在竞争市场中取得竞争优势。

核心竞争力是指企业相较于其他竞争对手独特的、难以模仿的、不可替代的能力，是企业获得持续竞争优势的源泉。核心竞争力通常基于企业的核心资源和能力，包括有形的先进设备、无形的品牌知名度、渠道管理能力、客户关系管理能力等。例如，苹果公司的核心竞争力之一是创新能力，具体来说，苹果通过将有形的研发资金和先进设备资源与无形的技术人才资源相结合，形成出色的研发能力。通过强调研发能力，苹果公司不断创造新的产品为顾客提供独特的价值，进一步形成了创新能力，并且依靠这种核心竞争力取得了持续的竞争优势。企业核心竞争力的判定有四项标准（稀缺的、有价值的、难以模仿的、不可替代的），可以通过价值链分析进行识别，对管理者来说更为重要的是，如何培养企业的核心竞争力，实现核心竞争力的快速提高。

企业的竞争优势是指企业相较于其他竞争对手在某些方面拥有更为

优越的资源、能力，从而能够在竞争市场上占据更有利的地位，获得更高的利润和更大的市场份额。竞争优势是企业成功的重要因素之一，它能够帮助企业在复杂多变的竞争环境中更好地抵御市场变化和风险，实现长期盈利和稳定发展。竞争优势可以体现在多个维度，包括企业的产品或服务质量、价格优势、技术水平、客户服务等方方面面，但没有竞争优势是永恒的，企业的竞争优势会随着企业竞争能力的动态变化而变化。因此，企业需要将更多的资源和精力投入竞争能力的培养和提升，以应对市场的变化和挑战。

2.2.2　数字导向在战略管理中的位置

1. 数字导向的位置

在本书提出的战略管理框架中（见图 2 - 3），数字导向方略位于战略层和经营层之间，是连接企业战略制定与落地执行的关键纽带。战略管理过程是企业增强核心竞争力、取得竞争优势的理性途径，但在使用传统的战略管理框架时，管理者面临的一个现实问题是无法有效衔接战略制定和战略执行，具体来说，关键的衔接问题包括如何对企业战略进行合理拆解并分派给各职能部门，如何确保经营活动和战略的一致性，以及如何对组织结构作出适当调整以匹配战略。战略和经营无法有效衔接会导致执行力的缺失，执行是确保战略从理论到实践的关键环节，它涉及如何具体实施战略所规划的各项措施，而执行力的缺失有可能导致整个战略失败，即便战略再优秀，没有得到有效执行也无法实现预期结果。为解决这一难题，本书在传统战略管理框架中加入数字导向方略，让数字导向成为战略层和经营层管理的简单高效工具。

数字导向与企业战略及其前置的战略目标和愿景密切相关，主要体现在两点。第一，数字导向来自企业战略，是对企业战略的提炼与量化表达，在目的和作用上，两者是一致的，都是致力于提高企业的核心竞争力，使企业能够在市场竞争中取得竞争优势，但数字导向比企业战略更加聚焦，用一个点告诉企业各个部门要前进的方向，让战略的核心要点传导到组织的各个层级，让企业上下所有员工对前进方向形成共识。尽管提供同一类型产品或服务的企业可能会选择相似的数字导向，但数字导向的拆解会根据企业自身的特点而各不相同，体现出不同企业的价值主张和战略重点。第二，数字导向的理想终点是企业的战略目标和愿景。它们之间的连接关系，回答了数字导向方略将引领企业前往何处的关键问题。虽然战略目标和数字导向都具有方向指引的作用，但它们之间存在着层次的递进关系，战略目标是管理者"上一个台阶看问题"时看到的企业应处于的理想竞争态势，而数字导向则是企业各职能部门在"下一个台阶做事情"时的方向指引，如果将企业比作航行在海上的大船，那么战略目标和愿景是大船最终要到达的港口，数字导向则是罗盘，引领着大船朝着港口快速前进。

2. 数字导向的构成

完整的数字导向方略包括数字导向本身和拆分后的数字导向指标体系。数字导向在形式上是一个可量化、可拆分的指标，在实际应用中，只有进一步拆解，构建成数字导向指标体系才能承接上层战略目标和企业战略，引领下层战略执行落地。其中的原因包括两个。第一，数字导向只是单一的指标，代表企业要发力的一个点，而一个方向点无法涵盖企业战略的全部内容，企业的价值主张、竞争战略思想及方案细节等只有在拆解后的数字导向指标体系中才能得到完整的体现。例如，用户观看时长是 B 站的一个可选数字导向，但该数字导向同样适用于其他的长视频播放平台，并不能体现出 B 站要创造 Z 世代乐园的差异化竞争战略。只有将用户观看时长按照能力路径拆解，在运营能力和视频创作能力上形成二级指标，如弹幕发送数量等互动指标、投币点赞等创作激励指标等，才能体现 B 站为年轻人创造精神社区、为创作者提供自由舞台的价值主张和差异化竞争战略。第二，数字导向只有拆解成指标体系，才能将二级指标分派到对应的职能部门，在经营层发挥具有较强操作性的指引作用。数字导向本身可拆分，这是因为数字导向作为要优化的最终目标，可能会受到多个因素的影响，例如用户观看频率会影响每月观看时长，用户单次观看时间也会影响每月观看时长，而企业是一个现代化的分工组织，只有将数字导向分派到具体的场景中，才能实现经营活动有效执行，进而发挥组织的协同效应。

数字导向方略是经营层的引领，向下引导并约束企业的战略执行。前文阐述了数字导向和战略层的联系以及数字导向内部的拆解，数字导向本质上是企业经营层面的导向，解决的是在战略执行过程中，企业经营活动和企业战略不一致的难题。在解决一致性难题时，数字导向方略有三个突出优势。其一，数字导向方略是一个简单清晰易理解的体系，有效避免了各部门基层员工和管理者在战略和目标认知方面的断层和歧义。不同层级员工的关注点不同，高层管理者更注重宏观目标和整体方向，基层员工更关注日常操作和细节，数字导向方略为员工指明了优化方向，确保基层的优化活动为战略服务，是在构建和培养企业的核心竞争力。其二，数字导向指标体系具备可量化、清晰透明的特点，企业中的每个部门都能通过数字导向指标体系了解其他部门的业务活动，从而增加了部门间的横向交流，有利于资源在组织内部的流通。其三，在计算思维下，数字导向引领经营活动是一个全数字化的流程。在每个业务场景下，经营活动的输入活动和优化目标都以数字流的形式存储在系统中，这保证了战略执行的反馈和控制机制是完善的，管理者可以根据数字导向指标的优化情况及时调整经营活动，纠正经营活动和企业战略不一致的情况。此外，计算思维下的数字化流程可以实现经营活动和数智实验平台的结合，只需输入活动的输入变量，就可以在每轮迭代后实现经营活动的优化，而这种实验活动完全可以在算法的控制下自动迭代，不断优化。在当今时代，越来越多的企业引入人工智能和其他数字技术，它们的数字化和智能化能力显著增强，计算能力也在持续提升。因此，培养计算思维至关重要，只有真正掌握了计算思维的企业，才能在激烈的市场竞争中不断获得优势。数字导向实际上就是企业计算思维的具体体现，数字导向方略就像串联起经营活动的树状网络，约束着战略的执行活动，捏住数字导向，就可以将企业的整个经营活动提起。

2.2.3 数字导向强化企业核心竞争力

企业的增长体现在很多方面，例如销售量、利润、市场份额、资产规模、员工数量、核心竞争力等。各方面的增长可以简单地划分为两个维度：规模的增长和能力的增长。优秀的管理者更加看重能力的增长，这也是本书的关注重点，因为核心竞争力的增强是企业取得长期竞争优势的前置条件。在企业的发展过程中，高层管理者最担心的不是亏损，也不是销售量的停滞，而是没有形成区别于其他企业的核心竞争力。如果企业不具备难以模仿的能力，那么现有的竞争格局会很快被改变。

在阐述数字导向方略为何能强化核心竞争力之前，我们应先了解核心竞争力对企业的价值及其判定标准。核心竞争力是企业取得长期竞争优势、赚取超额收益的推动力，但反过来，不是所有帮助企业盈利的能力都是核心竞争力。企业在发展过程中，常常会遇到一些增长的机遇，有可能对企业发展的推动力产生错误认知。例如，一家餐饮企业最初因为菜品建立了口碑，之后形成了自己的品牌，在扩张的过程中又因为选址优势、升级餐饮环境等因素取得了更多的收入，在接下来的发展中，该餐饮企业可能在社交媒体平台上选择与探店明星合作进一步推广品牌。这时候餐饮老板可能会认为对品牌的营销与运营是成功的关键，但实际上对菜品的掌控力才是这家餐饮企业能持续成功的根本原因。总的来说，能成为核心竞争力的能力具有以下四个特征：稀缺的、有价值的、难以模仿的、不可替代的。如例子中所提到的，餐饮企业的发展和扩张与多种能力有关，但企业的资源是有限的，应该识别出最关键的能力，并将有利于核心竞争力的活动作为整个企业的重心。

企业的核心竞争力可通过上述四个特征进行判定，也可以通过价值链分析识别，核心竞争力的构建必须通过企业战略规划和有效执行才能实现。根据企业的价值链，从供应链管理，到运营、分销、营销，再到售后服务，每一个环节都在为顾客创造价值，同时，企业每一个环节培养的能力都有可能形成企业的核心竞争力，为企业赢得竞争优势，但企业的资源和精力总是有限的，如果什么都想做好反而什么都无法做好。更合理的做法是，企业在战略层面明确重心，制定并实施战略，培养企业在特定环节的核心竞争力。可以看到，培养企业的核心竞争力要求战略聚焦以及经营活动与战略一致，而数字导向方略相较于其他战略管理工具的最大特点就是足够聚焦，并拥有敏捷的控制和反馈机制。数字导向是对企业战略的提炼，可以说，在企业内实施数字导向方略，引领企业经营活动的过程，就是对企业资源和能力进行有效整合，构建和培养企业的核心竞争力的过程。举例来说明，优衣库和 ZARA 是服装业的两大巨头，都定位于经济型市场，同样是廉价多销的盈利模式，但两家企业在制定差异化竞争战略时采用了截然不同的思路，形成了不同的核心竞争力。优衣库主打基础款，将战略重心放在材料的功能性和穿着的舒适性上。优衣库最早依靠改良摇粒绒的生产技术取得巨大成功，在保证质量的前提下大幅降低生产成本，凭借经济实用性打造爆款产品。在已知优衣库竞争战略的情况下，可选择"基础款新品的销量"作为经营的数字导向，这一指标不仅体现了产品的核心价值，而且对优衣库的生产能力提出要求，基础款服装在设计上不追求新颖时尚，但要足够舒适耐穿，且售价不能过高，这就要求优衣库对面料有足够的研发投入且能够控制生产成本。在不断优化数字导向的过程中，优衣库也构建起了在研发和生产方面的核心竞争力。与此相对，ZARA 以快时尚为卖点，将战略重心放在产品的时尚性上，即追求服装的更新换代速度快。ZARA 的服装从设计到上架只需 2～3 周，而在上架之后又会在 3 周之内被淘汰。在已知 ZARA 竞争战略的情况下，可选择"库存周转率"作为数字导向。在对数字导向的拆解过程中，可以看到库存周转率的提升要求 ZARA 在设计、生产、销售环节都要做到足够敏捷和协调。数字导向引领下的经营活动，对 ZARA 在时尚元素跟踪、生产、销售方面的能力进行有效整合，共同形成 ZARA 在产品迭代方面的核心竞争力。

数字导向方略引领企业实现增长，随着企业的发展和外部环境的变化，企业所需的核心竞争力也可能随之发生变化，这就要求数字导向方略紧跟企业战略，以战略和发展的视角在企业不同的发展阶段调整经营活动的重心，完成新的核心竞争力的积累。以智能手机行业为例，在行业发展初期，市场还有很大的发展空间，许多智能手机品牌靠着自身的特色找到定位人群，通过宣传扩大消费者对品牌的熟悉程度，营销能力成了这时期许多企业的重点。随着行业进入发展中期，以供应链驱动的稳定生产和成本控制成了企业要重视的问题。随着智能手机行业进入发展成熟期，已经没有新的市场扩张，这时，智能手机的技术研发能力成了企业盈利的关键。手机企业纷纷推出能代表品牌最高技术的旗舰手机，即便是一些在过去坚持性价比、定位中低端市场的手机品牌也开始加大研发投入，提高旗舰产品的定位和定价。尽管如德鲁克在论述组织的内在统一性时提到的，企业或统一于技术，或统一于市场，但在企业的不同发展阶段，要及时根据战略规划调整数字导向，积累自己的核心竞争力。

2.2.4　数字导向为企业增长设定坐标

数字导向方略使企业获得能力维度的增长，实现核心竞争力的构建与积累。更重要的是，这种增长不是发散式的随机增长，而是有坐标的增长，不仅有"增"的动作与表现，还有"长"的结果与实质。具体来说，有坐标的增长表现在以下几个方面。

1. 数据驱动的实验增长

不同于传统的经验式企业增长工具，数字导向方略的增长思维是计算思维和数字思维，即将企业的业务活动以数字化的形式存储在系统中，在增长实践中以数字导向为指引，在企业的智能决策平台上以实验的方式进行增长实验，通过快速迭代调整经营活动，最终实现核心竞争力的提升。与传统方式相比，这种增长方式在结果和效率上都实现了飞跃提升，在企业内部形成了一个从实验设计到执行再到反馈的增长闭环。在此过程中，管理者只需根据实验反馈调整资源投入和经营活动，就可实现能力增长。举个简单的例子，来伊份作为中国休闲食品连锁经营模式的引领者，致力于打造以社区为中心的家庭生活生态大平台。门店的运营能力是实现该战略目标必不可少的一项能力，在数字导向方略的指引下，来伊份可选择门店日销额作为数字导向，并按照货架陈列、营销、选品等能力路径拆解后，在数智实验平台上快速迭代实验，评估经营策略的有效性，这样就可以明确地识别出每家位于不同社区的门店中，哪些策略是实际可行的、可广泛推广的，并且能显著影响销售的关键机会。其中，选品能力的数据驱动增长实验最为直观，每一家门店管理者可根据调入产品的销售额占比和调出产品的销售额占比，决定产品的去留以及同类产品的最佳宽度，即产品线的广度，同一类别下，门店应确定既能满足顾客需求，又能维持库存效率的产品种类及数量。

在数字导向方略增长实验的具体实践过程中，还要注意每个实验的周期应尽可能短。这是因为较短的实验周期可以加快学习和调整的速度，使企业能够更迅速地响应市场变化和客户需求。此外，快速迭代允许企业在短时间内测试多种策略，从而有效地筛选出最有效的策略。因此，实验周期越短，意味着越有可能找到提升核心竞争力的最佳方式，帮助企业在竞争中保持优势。每个月甚至每半个月都要召开一次数字导向方略例会，在会上分享目前做了哪些实验，取得了怎样的结果，接下来要重点关注的增长领域是什么，经营活动的优化实验要如何设计。

2. 找到杠杆的快速增长

在构建核心竞争力的过程中，管理者要能够找到增长杠杆，然后针对这个点进行持续的实验。所谓杠杆效应，是指在杠杆点处投入较少的资源，但能够获得较大的回报，实现核心竞争力的显著提升。数字导向方略正是可以帮助管理者找到增长的杠杆，实现能力快速增长的管理工具。在数字导向方略的指引下，企业获得的可能不是每年 5% 的增长率，而是 10% 甚至 20% 的增长率。5% 的增长率通常是依靠原有的逻辑去优化，而大幅度的增长意味着思考模式的转变。数字导向方略的杠杆效应主要体现在两个层面：战略层和经营层。

在战略层面，数字导向本身就是核心能力的增长杠杆点，企业战略的制定和实施涵盖企业的多个方面，而数字导向通过对战略的提炼，成为企业的核心优化指标，为企业的经营活动确定了优先顺序。例如，抖音的核心竞争力是拥有大量的原创短视频，该能力的结果是让用户愿意在抖音上花更多的时间，那么可以从核心竞争力的结果出发，选择用户在页面的留存时长作为提升核心竞争力的核心优化指标，即企业的数字导向。

在经营层面，数字导向方略能帮助企业找到经营活动的杠杆。核心竞争力是对企业现有资源和能力的有效组合，数字导向可拆分，能够拆分成一个完整的指标体系。指标体系中的每个二级指标在理论上都可能影响数字导向，而这些二级指标对应着不同的业务场景，这意味着管理者在进行优化活动时依然要面对资源分配的问题，而数字导向的优势在于数字化和计算化，每项经营实验的资源投入和数字导向的反馈结果都会清晰地记录在数字导向平台上，管理者可以根据决策实验的优化结果，决定资源的分配。例如，为提升短视频平台用户的屏幕使用时长，一条能力路径是优化营销能力，如投入更多的宣传，或增加用户观看激励等，另一条路径是提高平台的个性化推荐能力，这两个经营实验都可以在短期内快速完成，管理者可直观比较数字导向的优化效率。

3. 能力积累的复利增长

管理者可能都听过这样一条令人振奋的经营经验：如果企业能聚焦在最正确的事情上，每天都比其他竞争者努力1%，那么一年之后，将会甩开其他竞争对手多个身位。这就是复利增长的价值，持续做对增长最正确的事情，就可以借助复利效应获得领先对手的竞争优势。数字导向方略能帮助企业实现能力的复利增长。首先，数字导向方略对能力的优化不是一次性提升,而是迭代式循环优化,企业的核心能力会在连续的闭环实验中不断地提升。其次,每次的增长不是从零开始,而是遵循复利定律,累加式增长。在企业的数智实验平台上,每一次优化活动都被准确地记录,这确保企业的优化方向始终向前。最后,每一个增长实验都经过严密的科学设计,充分考虑了各变量间相互影响的关系,确保所有被优化的二级指标共同推动数字导向快速提升。

4. 目标共享的共同增长

随着规模的扩大,企业会朝着专业化的方向演进,专业分工能提升企业在各个环节的效率,但这种模式也会带来一些问题。在实际经营中,管理者可能会发现同一部门内部的沟通要远远多于部门间的沟通,甚至在不同的部门之间还会出现因缺乏沟通和协作机制而产生争夺资源的摩擦现象,例如,企业内的软件开发部门是多个项目组共用的,存在排期现象,每个项目组的开发内容都按照提交的方案顺序开发,而某个项目组一旦在实际项目执行中要变更功能需求就会面临排期的阻碍,因为每个项目组都有自己的考核指标,临时的加塞儿势必造成其他开发内容的延误,这种对公共资源的抢夺就造成了企业内部门间的摩擦。数字导向方略用共享的增长目标在一定程度上解决了部门间的摩擦。首先,目标共享的增长为企业各部门提供了充分的激励和奖励措施,让所有员工共同见证了企业能力的增长,所有人都为企业的增长而感到高兴,这不仅代表奖金增加,而且是直观成就带给每个人内心的成就感,是一种物质和精神的双重激励。这种目标共享的企业能力提升常常能够化解部门间的矛盾,因为增长是企业的核心任务,只要企业快速增长,种种摩擦与矛盾就会被遮掩。其次，目标共享能提高本部门工作的透明度，让其他部门了解本部门的工作内容和进度，从而提高跨部门资源协调的效率。

5. 责任清晰的可见增长

在计算思维下，数字导向方略严格用数据说话，这本质上是一种结果导向。例如，当管理者识别出某一具体经营活动是企业的增长杠杆时，会提高这项活动的优先级并向其倾斜更多的资源，这些做法是有清晰的实验数据作为支持的。既然在关键活动上多投入 10% 的资源就可以获得 20% 的指标提升，为什么不在这项活动上增加更多的投入呢？此外，数字导向指标体系下完善的反馈机制使管理者能时刻控制企业的经营活动，准确地定位每个部门的责任，及时调整与企业战略和数字导向不一致的经营活动。因此，对于一个管理者来说，在数字导向方略的指引下，他所做的每一项资源协调管理都是清晰透明、有数据支持的。正是因为指标的清晰性和透明性，才保障了决策的公开性和科学性，减少了资源分配的阻力，进而提高内部向心力和执行效率，实现能力的快速提高。

2.3　数字导向的识别与应用

我们了解了数字导向的概念与准则，以及它与企业增长的关系，解决了什么是数字导向以及数字导向有什么价值的关键问题。作为高效实用的战略管理工具，数字导向要想实现企业核心竞争力的快速提升，不仅需要管理者在思维的高度上形成对战略数字化和数字导向方略重要性的认知，而且需要在管理实践的层次上具备将数字导向方法论在企业中落地的能力。从实践的视角来看，管理者首先要从 0 到 1，为企业确定一个可行的数字导向，再将数字导向与日常经营活动相结合，进一步形成对经营活动的引领和约束，在迭代与优化中，实现企业核心竞争力的快速提升。接下来本书将回答：如何识别企业的数字导向？如何在企业中用好数字导向？

2.3.1　如何识别数字导向

在战略管理框架中，数字导向位于战略层和经营层之间，是连接战略和经营的关键纽带，其特殊的位置决定了它既具有战略的属性，是企业战略的提炼和数字化表达，又具有经营的属性，是企业经营层面的纲领，引领企业的经营活动不偏离正确的大方向。因此，在提炼和识别数字导向这一问题上存在自上而下和自下而上两种思维模式。借用古人智慧，正如《易经·系辞》中所写，形而上者谓之道，形而下者谓之器。从较为抽象的企业战略具象化出一个具体的数字导向，是一个形而下的提炼过程，而从产品的特征及实际的经营活动抽象出一个引领性的数字导向，则是一个形而上的归纳过程。尽管这两种认识方式有不同的侧重点，但它们并不是对立的关系，在识别数字导向时，要根据企业的具体情况，灵活地结合这两种思路。参见图 2-4。

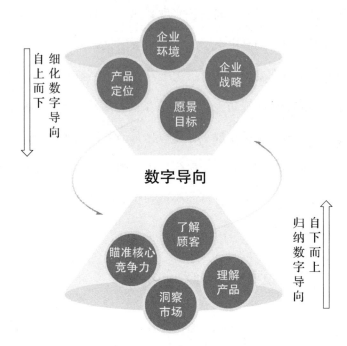

图 2-4 自上而下与自下而上的数字导向识别

一、自上而下的识别方法

从自上而下的角度来看，数字导向的识别来自企业战略，是能够体现企业战略及战略目标和愿景的关键指标。这是一个战略实施的视角，结合图 2-3 的战略管理框架，在战略管理过程中，企业的决策层首先要对内外部环境进行分析，提出企业的战略目标和愿景，并在形成清晰战略的基础上，为企业确定一个数字导向，在拆解成数字导向指标体系后引领企业的经营活动，确保企业战略全面执行，最终实现核心竞争力的提升。因此，识别数字导向的关键在于对企业战略、资源和能力的深入理解。

从思想的高度来说，自上而下的认识方式是从抽象概念到具体现实，它依赖于逻辑和推理。这种思考方式更强调规划、组织和控制，它可以帮助人们建立一个稳定的结构，并确定明确的目标。对应到企业的管理，自上而下的思考体现在高层管理者负责制定企业战略和数字导向，将其分解后向下传递，并在执行过程中提供必要的指导和支持，决策权也掌握在他们的手中。中层管理者和基层员工不参与或较少参与制定战略和识别数字导向，其能动性主要体现在根据已形成的数字导向指标体系对经营活动进行优化迭代。因此，在自上而下的思路下，高层管理者在识别企业数字导向时要注意以下几个方面。

1. 定位产品市场，强调核心价值

在展开竞争之前，决策者首先要明白企业目前是在哪条赛道上，并且要在这条赛道上识别出企业产品或服务的细分客户群体，精准了解客户需求。更重要的是，决策者要时刻记得数字导向要能够体现产品或服务的核心价值，因为只有满足客户的需求，企业才有可能成功。

2. 详细分析企业的内外部环境

对内外部环境的分析能帮助决策者了解企业的机遇和挑战，以及内部的资源和能力。只有与外部环境相一致，企业的数字导向才能适应市场的需求和变化。内部资源和能力则是企业实施数字导向增长方略的基础，了解企业的内部资源和能力可以帮助决策者确定要构建的核心竞争力和数字导向。

3. 明确企业的战略目标和愿景

战略目标和愿景共同框定了企业应有的态势，是数字导向的理想终点。决策者需要根据企业的战略目标和愿景识别出能在经营层引领企业的各项经营活动，快速积累核心竞争力的数字导向。

4. 深入理解企业战略

企业战略是识别数字导向的重要依据。在一定程度上，数字导向本身就是对企业战略的提炼，是战略的量化表达。战略是企业开展竞争的一系列行动方案，是企业未来发展的根本依据，但战略往往是用语言概括性表达，具有一定的抽象性。为了克服这种抽象性，企业管理者就要在深入理解战略后，让数字导向成为实现企业战略、培养核心竞争力的最重要抓手。数字导向本身与战略是高度一致的，它能够将战略快速转化为经营活动，确保经营活动不偏离战略方向，数字导向的优化也意味着企业核心竞争力的提升。

二、自下而上的识别方法

从自下而上的角度来看，数字导向的识别来自对产品特点和经营活动的归纳和总结，这些元素是企业能够取得竞争优势的关键所在。管理者从核心竞争力增长的实质结果和企业各职能部门开展的经营活动，倒推出数字导向。识别数字导向的过程主要包括两个阶段：首先，管理者依靠判定核心竞争力的四项准则或价值链分析的方法，找到企业想要构建的核心竞争力；其次，根据职能部门的经营活动，结合构建核心竞争力的输入性指标向上归纳出数字导向。总的来说，以自下而上的思路识别数字导向的关键点在于对形成竞争优势的核心竞争力的准确判断，以及对经营活动与竞争优势关系的理解和将这种关系自下而上进行归纳的能力。

与自上而下的方法相对，从思想的高度来说，自下而上的认识方式更加强调从具体经验到概括和抽象。这种思考方式更注重创新、变革和灵活性，它可以帮助管理者更好地了解企业经营的实际情况，并找到最佳的数字导向。在实际的战略落地和执行中，企业中的职能部门管理者和基层员工更加熟悉产品的特征和日常的经营活动，这种与产品和客户近距离接触的优势，会使他们比高层管理者能更敏锐地发现市场竞争的新态势和客户需求的改变。对应到数字导向的识别过程，在使用自下而上的方法时，职能部门的管理者和业务人员将更多地参与到识别中，他们会根据实际经验向上归纳企业的核心竞争力，并识别出组成核心竞争力的各种能力和资源。但自下而上的方法需要引入更多的控制，对公司高层管理者的分析和判断能力也有更高的要求。如果缺乏必要的引导和控制，自下而上的识别方式可能会出现众多的意见无法归纳成一个能够形成共识的明确指标，进而导致决策分散，资源浪费，或者出现短视的行为。因此，在自下而上的思路下，管理者在识别企业数字导向时要注意以下几个方面。

1. 瞄准企业的核心竞争力

在归纳数字导向之前，管理者首先要思考，如果要取得竞争优势，企业应该具备什么样的核心竞争力。对核心竞争力的识别，管理者可以从价值链出发，找到最能体现产品价值的环节，并结合核心竞争力的四条判断准则，确定企业的核心竞争力。核心竞争力的提升是实施数字导向的结果，管理者可以在瞄准企业要构建的核心竞争力的基础上，反向归纳出引领经营的数字导向。

2. 有效处理顾客关系

顾客是企业成功的基础，是永远不能被忽视的。因此，从顾客的角度讲，在识别数字导向时，管理者要确保实际的经营活动能有效处理顾客关系，包括主要接触哪些顾客群体，顾客群体的需求是什么，以及现有经营活动能否满足顾客需求，并要在哪些方面进行改善。

3. 洞察行业趋势和竞争对手

企业要想获得成功，一方面源于自身能为顾客提供哪些价值；另一方面则与行业内的竞争有关。了解行业趋势和竞争对手的战略和表现，可以帮助企业确定应该关注的业务领域和需要优化的业务指标，同时，借鉴竞争对手的成功经验，也可以帮助企业确定数字导向。

4. 观察产品的关键组成要素

这其实是要求管理者对产品的特征要有深入的理解，包括识别出企业的核心业务，找到那个让顾客眼前一亮、体现产品核心价值的点。在对自身产品或服务有足够了解之后，企业才能在未来的业务活动优化中提高用户的感知价值，提高用户留存率。此外，只有对产品足够了解，才能在瞄准核心竞争力之后，对构成核心竞争力的能力和资源进行分解，找到能快速提升核心竞争力的杠杆点。

尽管自上而下和自下而上是两种具有不同特点的思维方式，但它们并不是矛盾的。因为数字导向位于企业战略层和经营层之间，从本质上来说，企业的战略、数字导向、经营活动、核心竞争力这四者是高度一致的，无论是自上而下还是自下而上，这种一致性是不会改变的。在实际的落地应用中，管理者应根据企业的具体情况，对这两种识别方式灵活地结合使用。具体来说，当企业更贴近战略思维时，管理者应偏向于自上而下的思路，而当企业更贴近产品思维时，则应偏向于自下而上的思路。

三、常用的数字导向决策工具

自上而下和自下而上是两种识别数字导向的思路，但由于两者都是定性的识别方法，在实际的识别过程中，可能会产生多个数字导向备选集合，最终的决策过程会在充分讨论的基础上，由企业高层管理者拍板决定。企业中常用的定性决策方法包括头脑风暴法和德尔菲法。

头脑风暴法是一种经典的集体创新方法，旨在通过发散性思维，促进团队成员产生大量的创意和想法。这种方法尤其适用于数字导向备选集合的识别。该方法是否有效的关键点有两个：第一点是参会者的选取要恰当，主要包括负责企业战略的高层管理者，还要包括负责产品设计、运营的业务层管理者；第二点是参会者要从理论出发，基于自上而下和自下而上两种方法发散思维。实施的基本步骤包括：（1）清晰地定义问题；（2）参会者自由发散思维，生成想法；（3）收集想法，分类整合；（4）评估想法，筛选出最理想的数字导向。

德尔菲法是另一种在企业中常用的决策方法。该方法的主要特点是，专家需要背对背地识别企业数字导向的问题并提出意见，多个专家的意见经过多次信息交换，逐步取得一致意见，以识别出理想的数字导向。实施的基本步骤包括：（1）清晰地定义问题；（2）进行第一轮调查，专家以背对背的方式提出意见；（3）反馈意见，将第一轮调查的结果反馈给专家组，专家可以根据反馈信息，重新审视自己的观点，并提出修改或补充意见；（4）反复迭代，直至专家组形成比较集中、一致的意见。

2.3.2 如何用好数字导向

数字导向的价值不仅体现在它改变了传统的管理思想，更体现在它是一个能将战略数字化、计算思维落地的工具，是实现企业数字化转型的重要抓手。应用数字导向方略，能充分发挥业务数字化和计算化的优势，结合数智实验平台，快速进行经营活动的优化与迭代实验，使核心竞争力快速提升。因此，数字导向方略要突出对应用和落地的指引，包括高层管理者要为数字导向的落地提供单独的资源，调整企业现有的组织结构和管理模式等。具体来说，管理者在应用数字导向时，应注意以下几个方面。

1. 形成数字导向团队

在企业内应用数字导向方略时，管理者首先要建立起一个独立的数字导向团队，该团队的典型特征包括：第一，这是一个独立的跨职能团队，对 CEO 直接负责，成员一般包括 1 名负责企业战略的高层管理者，1~2 名来自产品、市场或运营领域的职能部门经理，1 名数据分析师和1~2 名程序员。其中，负责企业战略的高层管理者是团队的主要负责人，承担引领团队识别数字导向和建立数字导向拆分体系的任务，从战略的角度提供识别思路。来自职能部门的经理基于业务经验识别产品的核心竞争力及能力组成，从数据输入和迭代实验的角度寻找提升核心竞争力的机会。数据分析师负责搭建数据监测看板供大家随时查看，同时分析实验结果，追踪增长指标的变化。程序员负责将拆分的数字导向指标与企业的智能决策平台相结合，实现数字导向引领经营活动的全程数字化和计算化。第二，数字导向团队的核心任务是识别企业的数字导向并确保该方略在企业落地执行，定期向 CEO 反馈迭代实验的情况和数字导向的提升效果，其目的是建立企业战略和经营活动的纽带，实现核心竞争力的有效提升。数字导向团队的核心任务决定了管理内容在纵向上的跨度，即管理内容覆盖的层面或范围，从高层的战略决策到具体的执行细节，再到系统流程建设。其中的系统流程建设是指数字导向团队和企业信息技术部门合作，打造一个全流程数字化的增长实验平台，并向各职能部门开放接口，形成快速上线迭代优化实验和智能反馈的能力，从而建立起在企业内落地数字导向的保障。这种纵向跨度意味着管理任务涵盖了组织结构的各个级别，包括最高决策层、中间管理层以及执行层，它强调管理活动在组织的不同层级之间的连贯性和一致性，确保战略目标有效地转化为操作实践。第三，要为数字导向团队分配单独的资源。单独的资源对数字导向在企业内的顺利应用至关重要，一定不要让数字导向团队向其他部门借资源，因为不同部门的优先级不同，人员和资源的冲突可能会影响数字导向在整个经营层面的引领作用。

2. 拆解数字导向

　　企业是一个复杂的组织，如果仅用一个指标引导企业各类经营活动，难免会以偏概全，出现各种问题。因此，在实际应用中，将数字导向进行拆分，是使其具有实操价值的重要前提。关于数字导向的拆分过程，本书会在下一章中详细介绍，在数字导向拆分完成后，管理者可以使用一些方法和工具，将数字导向和经营活动连接起来，例如可视化路径图等。以可视化路径图为例，最左侧是企业的数字导向，靠近数字导向的是拆分的指标，右侧是输入变量，是能影响企业核心竞争力的日常经营活动。日常经营活动之间也可以按照业务逻辑划分为不同的层次，并用箭头和数字导向连接。

3. 召开常态化的讨论会议

在数字导向的应用阶段，管理重点之一是围绕数字导向形成快速迭代的数字化经营实验，并对优化活动进行有效的反馈。因此，在数字导向团队内要建立起常态化的例会制度。会议围绕数字导向的落地情况展开，讨论内容大致包括四个部分。一是看指标，以结果为导向查看数字导向的变化趋势是怎样的，和上一次相比，数字导向是变好了，还是变差了？为什么？在分析原因时，详细查看分解的一级指标和数字导向间的定量关系，修正指标拆分中可能存在的问题。二是回顾各职能部门在上一阶段进行经营活动优化实验的过程，讨论实验的进展，是否遇到困难，如果有困难则集中讨论解决。三是报告各项经营活动的优化结果，将成功的部分总结成经营经验，以便在更大的范围内推广。四是根据指标和实验过程决定下阶段的迭代优化，其中又包括两个方面的决策：根据指标结果调整优化重点，将更多的资源倾斜到提升数字导向效果最明显的杠杆点；制定各项经营活动下一阶段的迭代方案，参会者集思广益，提出新的实验想法并阐述实验设计的合理性。

第 3 章

计算分解

数字导向就像企业中清晰可见的指南针，在认知层面使企业中各职能部门形成经营方向的共识。但仅使用一个点难以准确且有效地引领企业的所有经营活动，因此在数字导向方略的实际落地过程中，管理者要对数字导向加以拆解，构建成一个指标体系，让每个部门都有一个执行业务的抓手，从而调动组织效能形成合力，让企业更快地提升核心竞争力。

本章将围绕数字导向的计算分解部分讨论以下重要问题：如何构建一个数字指标体系？如何认识数字指标体系对企业的价值？如何在企业中应用数字指标体系？

3.1 数字导向指标体系的构建

3.1.1 数字导向指标体系的构建原则

在本书提出的具有计算思维的战略管理框架中，数字导向方略是顺畅连接企业战略制定和战略执行的重要纽带，而数字导向指标体系的构建是落地数字导向方法论、提升企业战略数字化能力的关键。对数字导向的合理拆解会提高方法论的可操作性，将单一的数字导向指标拆解为不同的能力路径，每个能力路径下再构建起对应业务活动的二级指标体系，形成数字导向对企业经营活动的引领，让每个职能部门都有一个具体的抓手，并且逻辑清晰地和顶层数字导向形成关联。

在清晰透明的数字导向指标体系下，职能部门会因为有具体细分指标而提高行动力，同时又因为能看到经营活动对企业增长的贡献而提高凝聚力和向心力。数字导向指标体系的构建直接关系到数字导向方法论的可行性和落地效果，因此管理者要重视指标体系的构建过程，考虑以下的构建原则。

一、基于战略构建整体逻辑

从根本上来说，数字导向来自企业战略，指向企业的战略目标和愿景，因此，数字导向指标体系的建立不是一个简单的指标公式分解，而是一个构建式的过程，是一个自上而下的战略拆解和能力梳理的过程。

在传统的战略拆解过程中，顶层的战略会被拆解成多个可执行的业务策略，并通过企业的组织架构一层层地传递到职能部门。在数字导向指标体系的构建过程中，也要以保障战略的顺利实施为核心逻辑。在单一竞争市场上，企业的竞争战略常常以差异化为特征，管理者就应该在多个能力路径上实现竞争战略想达到的差异化，在差异化这一点上形成企业的核心竞争力。例如，某家商业银行的竞争战略是以客户为中心，提供卓越的财富管理服务，那么管理者在构建以"资产管理规模"为核心的指标体系时，就应该进行大量的调研和分析工作，在了解银行当前能力和资源的情况下，从产品、客户、渠道、科技、运营等多个路径上优化用户体验，提高财富管理服务水平。和拆解传统战略不同的是，数字导向指标体系构建是一个逻辑推理和定量公式相结合的过程，拆分的能力路径和二级指标不仅和顶层数字导向存在定性关系，而且可以通过迭代实验对数字导向的提升效果进行量化。

二、体现企业的核心竞争力

企业制定战略、执行战略的目的是形成核心竞争力，取得竞争优势。数字导向方略作为有效的战略管理工具也应着眼于企业的核心竞争力，无论是数字导向本身，还是构建的指标体系都是为落实企业竞争战略、形成核心竞争力服务。因此，企业构建数字导向指标体系的过程要体现对核心竞争力的分析和拆解。例如，B 站是一家视频播放平台，但它的核心竞争力不是长视频的版权，也不是短视频的海量内容，而是大量优质的原创视频创作者和活跃的年轻社区文化。因此，管理者在构建以用户观看时长为核心的指标体系时要时刻体现企业的核心竞争力。在拆解的内容运营能力路径上，将奖励政策和算法偏向中长视频创作者，以优质中长视频的投稿量为二级指标，从而避免大量短视频凭借播放量占用平台流量推荐，破坏社区的文化和生态。在拆解的渠道能力路径上，数字导向指标体系要根据用户画像，引导提升核心用户群体的拉新能力和留存能力。

三、反映企业的价值主张

从产品或服务的角度出发，所有产品或服务的增长都是由几个共同的因素来推动的，如产品或服务的用户数量、使用频率、每次使用的交互深度等。虽然这是一个分析产品或服务的通用框架，但每种产品或服务还会有更加具体的影响因素，例如，企业的竞争战略可能会影响市场定位，核心竞争力决定了产品在市场中的独特优势，而价值主张则会影响用户的满意度和忠诚度。在构建数字导向指标体系时，体现价值主张和体现核心竞争力并不矛盾，而是相互匹配的关系，实际上，价值主张作为企业向客户提供的独特价值，引导竞争战略的制定与核心竞争力的构建，反过来，核心竞争力是实现价值主张的基础。继续使用 B 站的例子，该企业的价值主张是创造 Z 世代乐园，因此 B 站在增加用户数量、提高使用频率和增加每次使用时长等方面，会凸显年轻人文化社区的核心价值，采取和腾讯、优酷等视频平台不一样的策略。

四、呈现企业的上下结合

数字导向指标体系的构建需要高层管理者和职能部门共同参与。企业的高层管理者懂战略，擅长从全局的角度思考企业的管理问题，而企业的职能部门懂执行，擅长在目标明确的情况下高效地完成任务。结合指标体系的特点，最顶层的数字导向来自对企业战略的提炼，中层的能力路径来自对数字导向和竞争战略的拆解，而底层的二级指标来自对能力路径影响因素的识别。简单来说，数字导向指标体系是一个从战略直接触达经营活动的指标体系，底层的指标设计要和企业现有的业务和技术支持系统相匹配。因此，指标体系的构建既需要高层管理者的战略拆分能力，又需要职能部门的业务实践经验。

数字导向指标体系的构建是一个自上而下和自下而上相结合的过程。在前文中我们提到数字导向连接起企业的战略层和经营层，因此在提炼和识别数字导向这一问题上同时存在着自上而下和自下而上这两种方法。与此类似，指标体系同样具有连接属性，连接顶层的数字导向和具体的经营活动。不同点在于指标体系的构建无法单独依靠自上而下或自下而上的方法，而是要结合两种方法，采取以自上而下为主、自下而上为辅的思路。管理者从数字导向出发，向下拆解成不同的能力路径，但在往下拆解到业务抓手的具体指标时，可能会因为逻辑链条过长，或不熟悉底层业务等，出现拆解不完备、不合理的问题，此时就需要结合自下而上的思路，通过职能部门的参与，将职能部门提出的子指标聚合到能力路径上，或对已拆解的指标进行修正，使最后的指标体系更加完备，达到体现企业核心竞争力的目的。

3.1.2　数字导向指标体系的构建方法

在清楚指标体系的构建原则后，管理者下一步要围绕识别的数字导向向下拆解，建立完整的指标体系，让职能部门找到业务抓手，并在企业内部推进战略数字化，实现竞争战略的有效拆解和经营活动的实时反馈与快速迭代。具体来说，指标体系的构建方法包括能力路径构建法和产品逻辑构建法，这两种方法都有比较成熟的拆分模板和应用案例，但分析问题的视角和逻辑有所不同，最佳适用情景也不同。管理者在方法选择上要根据企业的具体情况灵活选择。接下来，本书将分别介绍这两种方法。

一、能力路径构建法

在考虑如何拆解数字导向时，能力路径法并非直接按照指标公式一路向下拆解，而是将重点放在对企业主要瓶颈的分析以及解决瓶颈问题所需能力的识别上。整体是一个围绕企业战略和数字导向落地、进行能力梳理和能力构建的过程。值得注意的是，数字导向指标体系并没有按照组织现有的管理结构层层拆解，而是从顶层战略和数字导向出发，向下拆解成不同的能力路径，最终形成每个职能部门可执行的业务抓手。这是一个以增强核心竞争力为目的，直接引领经营活动的指标体系，但该指标体系不一定和企业现行的组织结构相匹配，因此管理者可能还需要考虑如何用数字化思维重构组织结构、服务模式等。

在介绍能力路径构建法时，本书将从构建思路、构建步骤和构建注意事项这三个部分展开论述。

1. 构建思路

在使用能力路径构建法时，可以采用先拆分、再构建的思路。尽管能力路径构建法强调对企业能力的识别和构建，但在实际应用中，也要先从已经识别的数字导向入手，结合企业的经营现状，使用数学公式对数字导向进行公式化拆解。公式化拆解的好处是路径清晰可见，既指明了定性的逻辑关系，又反映了定量的数量关系，为下一步建立与业务对接的指标体系提供构建框架。数学公式的提炼过程体现的是先拆分的思想。

在将顶层指标向下拆分成一个数学公式后，公式中的每一项都是一个要优化的发力点，但每项可能有多个影响因素，对应不同的能力，继续使用公式拆分的话，难以做到拆分的完备性，存在实际应用上的困难。此时应该采用关键能力识别思想。例如，一家商业银行将数字导向拆分成客户数量和客均财富规模的乘积，其中理财产品的客户数量在理论上可以按照数学公式，结合银行管理标准，继续拆分成新旧两类客户或不同财富规模的客户，但如果转变思路，从业务流程及能力路径的思路考虑，整个指标体系的构建将更加顺畅。理财产品的客户数量可以拆分为：对新客户的激活和留存能力，对不同业务类型客户的协同能力，以及针对不同类型客户的定向营销能力。能力路径的建立过程体现的是基于业务流程的关键能力识别思想。

在按照数学公式进行拆解并建立起不同能力路径后，数字导向指标体系已经按照从上到下的拆解思路建立起基本的框架结构。下一步要考虑让能力路径触达业务，形成业务抓手。二级指标的构建最贴近经营活动，因此这部分需要职能部门参与。例如，在建立洞察客户需求的能力时，数据分析部门可能在客户画像完善度这一细分能力上，结合实际业务经验，总结出客户标签覆盖率、标签实效性、标签准确率等二级指标。此外，其他的职能部门也会围绕洞察客户需求能力路径下的细分能力，选择各自的二级指标，如营销部门负责构建客户模型丰富能力下的二级指标、客户关系管理部门负责构建客户关系经营能力下的二级指标等。这些二级指标向上聚合，完成对应能力路径的指标构建。当每一条能力路径都完成构建时，数字指标体系就在原来拆分的框架中填入了触达业务活动的指标，实现了完整构建。

2. 构建步骤

能力路径构建法的构建过程如图3-1所示，包含以下四个步骤：

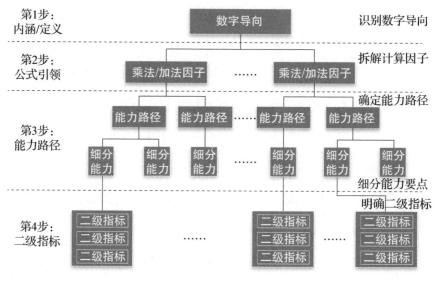

第1步：内涵/定义 — 识别数字导向
第2步：公式引领 — 拆解计算因子
第3步：能力路径 — 确定能力路径 — 细分能力要点 — 明确二级指标
第4步：二级指标

图3-1 能力路径构建步骤

（1）确认数字导向的内涵和统计学定义。尽管在前面的章节中，我们描述了提炼企业数字导向的过程以及需要遵守的准则，数字导向是一个可量化的指标，但在具体落地过程中仍然需要在指标的内涵、代理变量和统计口径上达成一致。

例如，对于一家社交媒体公司来说，可能会选取日活跃用户数（DAV）作为数字导向，但"活跃用户"是一个概念性指标，不能直接落地，因此，管理者需要先从概念上定义什么是活跃用户，其次在概念落地过程中，为日活跃用户数找到合理的代理变量，统一指标的统计口径，如选取登录时长、评论、点赞和发帖作为活跃用户的代理变量，其中仅登录的用户不算活跃用户，登录时长超过10分钟或进行点赞、评论、转发等行为的用户才被纳入活跃用户的统计范围之内。

同样，对于商业银行来说，在选择资产管理水平作为数字导向时，也要明确客户资产的统计口径，例如除了客户存款、理财账户之外，是否包括客户的第三方存款等。

（2）公式引领。由于数字导向具有可拆分的特点，管理者一般可以在深入了解企业经营现状的情况下，直接按照数学公式对数字导向进行拆解，形成构建指标体系的全局引领。公式引领是一个体现计算思维的过程，对于常见的数字导向都可以使用加法公式或乘法公式进行拆分。

例如，针对社交媒体公司，日活跃用户数可以先按照加法公式拆分成：日活跃用户数＝日新增活跃用户数＋日已有活跃用户数。再使用乘法公式对每个加法因子进行拆分：日新增活跃用户数＝日新增注册用户数×新用户激活率×活跃比例；日已有活跃用户数＝日已有用户数×日老用户留存率×活跃比例。

对于一家商业银行来说，财富管理规模是要优化的数字导向，面临的经营现状是，相比于其他竞争对手，尽管客户数量占优，但客户的财产品购买水平偏低。那么可以直接使用乘法公式进行拆分：财富管理规模＝客均财富规模×客户数量。

完成这一步之后，就将数字导向拆解成几个清晰的因子，能够引领下一阶段进行能力路径的建立。

（3）建立能力路径。拆解公式中的每一个因子都是企业要重点优化的对象。在此步骤，管理者不必再追求继续向下拆解的完备性，而是要采用关键能力识别思想，结合企业的战略和价值主张等，识别影响公式因子的关键能力。

继续使用商业银行的例子，假设该银行的价值主张是为客户提供便捷、专业的财富管理服务，那么在客均财富规模方面，就应该重点发展多样化产品供给能力、客户需求识别能力、客户资产专业配置能力以及理财经理和网点的服务能力。在实际应用中，这些关键能力可能又会向下再拆解一层细分能力。例如，客户资产专业配置能力会继续向下拆解为理财顾问能力和客户投后管理能力。

能力路径的建立依赖高层管理者对企业战略的掌握程度以及总揽全局的掌控能力。

（4）构建二级指标。二级指标的构建过程和能力路径的构建过程类似，同样不再继续使用公式法进行完备拆解，而是使用关键因素识别法找出关键性指标。不同点在于二级指标直接和经营活动相关，是职能部门的指标抓手，因此需要职能部门参与制定。

这一步骤的指标在构建时不要求有过多的全局意识，但要有充分的业务知识，对公司实际开展的业务有足够了解。企业的数字导向团队需要对企业的业务进行实际调研，在必要时引入职能部门管理者参与二级指标构建，在与各职能部门相匹配的细分路径上，根据实际业务经验，总结出可执行的二级指标。团队中的高层管理者负责提供企业战略和价值主张的指引，并完成二级指标的校对和后续变更。

3. 构建注意事项

（1）选择合理的拆解公式。用公式对数字导向进行拆解有两种方法：一种是全链拆解法，另一种是因子分解法。其中，全链拆解法最为简单，直接将数字导向拆解成多个一级指标的乘积，如图 3 - 2 所示，这种方法的优点是简单清晰，突出拆解的要点，缺点是一级指标统计口径偏大，定义笼统，在实际应用中一般将一级指标再进行层次划分或按照能力路径进行分解。

图 3 - 2　全链拆解法（乘法/加法）

因子分解法是一个多层的拆解结构，如图 3 - 3 所示。通常情况下，第一步先按照用户来源，将数字导向拆分成新增用户和存量用户；第二步按照漏斗转化模型，对不同类型的用户建立漏斗式的乘法模型。例如，来自新用户的每月消费金额等于新用户注册数、新用户激活率、每月消费频率、平均每次消费金额的乘积。这种方法的优点是指标拆分逻辑严密。

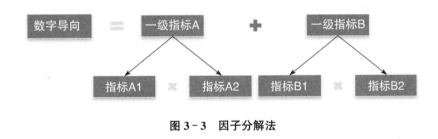

图 3 - 3　因子分解法

（2）强调和业务、技术支持系统的匹配。以企业战略为核心，是构建指标体系的主体逻辑，但指标体系最终要落实到经营活动上，形成职能部门的业务抓手，因此指标体系中会涉及指标的归属问题。结合图 3 - 1 来看，从能力路径中拆分出来的每个细分能力，一般都会匹配到一个单一职能部门。为了保证业务和指标的匹配，细分能力的构建一般结合企业高层管理者根据企业战略自上而下的拆解过程以及职能部门根据业务能力自下而上的聚合过程。

数字导向指标体系并不是打乱企业原有的专业分工，而是用清晰的体系结构引领基层业务活动，形成各部门间的凝聚力和向心力。如果完全不考虑现存的组织结构和业务能力，仅是统计指标的话，只需要从数据仓库中取数即可，但这些指标背后真正的价值在于有一套完善的体系支撑企业能力的管理和提升。在数字导向指标体系下，无论是业务部门还是技术部门都要被合理地纳入进来，甚至每个员工都会被划定责任范围。

此外，数字导向指标体系的构建还需要和技术支持系统相匹配。在企业内实践数字导向方略的过程，同时也是推行数字化的过程。指标和技术支持系统的匹配主要体现在两点。第一，作为输出变量的指标本身，需要与企业在日常运营和管理中使用的各种输入数据（如销售数据、客户反馈、生产指标等）集成到一个统一的数字化系统中进行管理和分析，这为企业数据流的数字化能力提供了基础，保障后续优化实验的快速迭代和及时反馈。第二，技术支持系统需要根据指标体系进行调整，例如成立企业的技术中台，将用户画像、营销预测模型等技术任务集中在中台，技术中台能够提供一个统一的平台，使各部门可以共享数据和工具，从而更有效地进行决策和优化业务流程，这种调整能够更好地整合和管理企业的各种数据和技术资源，通过集中管理，可以提高数据处理的效率和准确性，减少重复工作和资源浪费。

（3）适当调整组织结构。指标体系的落地依赖企业现有的组织结构，但也要求适当地调整组织结构。如果企业在拆解的过程中关注客户的获取和转化，就应该形成以客户为中心的指标体系。因此，在组织架构上需要进行一些调整，打通原来相对隔离的职能部门，以客户为中心，从全局的角度提升企业的客户服务能力。例如，一家企业曾经以提供线下服务为主，在不同的地区设置了分公司和营业部，但在数字化的背景下，企业要构建全局的数字导向指标体系，对渠道部门和客群部门进行整合，将售后服务部门和基础零售部门进行重组，通过这样的整合和重组，企业能够站在整体的层次，实现对客户的统一管理。

（4）设置指标校验机制。在数字导向指标体系初步构建完成后，管理者还要进一步对指标体系进行校验，以确保构建的指标体系足够合理与有效。从指标体系的整体结构来看，数字导向指标体系大致可以划分为两个部分：一部分是由公式法拆分的一级指标和能力路径构成的指标体系框架，这部分就像拆解图的骨架，决定了指标体系的结构特征；另一部分是由细分能力路径和二级指标构成的业务抓手，在上层框架结构的基础上，完成指标体系的整体构建，从而让数字导向在方法实践层面真正形成对经营活动的引领。

在对指标进行校验时，上层的指标体系框架一般不发生变动，因为这部分的构建过程有数学公式支撑，且逻辑链条较短，每一条能力路径都经过了高层管理者充分的思考和讨论。框架中填充的细分能力路径和二级指标，则面临逻辑链条过长的问题，且部分二级指标由业务部门根据实际工作经验归纳得出，因此无法掌握这些指标的有效性和完备性。

在指标体系的构建阶段，对于细分能力路径和二级指标的校验主要采用一些定性的逻辑推理方法。例如，为了对某一条能力路径上的指标进行校验，数字导向团队可以采用调研分析和集体讨论的办法，在对本公司的业务和行业内标杆企业进行深度调研之后，邀请领域内的专家和职能部门的主要负责人共同参与指标研讨会，用头脑风暴法或德尔菲法等对当前能力路径下指标设置的完备性和相关性进行分析和讨论，以确保指标体系包含了现有的关键指标，并填补了可能存在的缺漏。在指标体系构建完成，数字导向方略在企业内落地之后，数字导向团队每 2～3 个月要召开例行的指标研讨会，以数据驱动的思路从结果出发，使用数据建模等方式验证指标对于提升顶层数字导向的有效性。

二、产品逻辑构建法

如果一家企业的主营业务就是提供一项服务、售卖一种产品，或者是运营一款 App，那么管理者可以考虑使用产品逻辑构建法建立数字导向指标体系。在如何提高产品或服务的竞争力这一问题上，管理者有很多管理经验和成熟分析框架可以借鉴使用。例如，顶层的数字导向可以直接拆解成和业务相关的三个关键要素：渠道、产品和客户；也可以按照四个产品关切维度拆解为：用户广度、交互深度、交互频率和交互效率。

在介绍产品逻辑构建法时，本书依然从构建思路、构建步骤和构建注意事项三个维度展开，但在内容上有所取舍，重点突出和能力路径构建法的不同之处。

1. 构建思路

在使用产品逻辑构建法时，管理者不需要考虑该如何用公式拆解，而是直接写出影响核心竞争力的四个产品关切维度，作为数字导向的一级指标。和公式引领下的能力路径构建法相比，这种方法的好处有两点：首先，应用简单，并且这种拆分方法有大量实践案例作为支撑，保证指标拆分不出现大的方向性错误。其次，该方法克服了公式拆解的一些弊端。因为有一些重要的指标在公式中难以体现，例如公式拆解法可能只拆解为新用户加老用户（一个维度），或是用户规模和平均消费金额相乘（两个维度），但实际上可能还存在交互频率（第三个维度），甚至是交互效率（第四个维度），如图 3-4 所示。如果使用公式计算，将这四个维度的指标相乘，并不能得到一个有意义的指标。

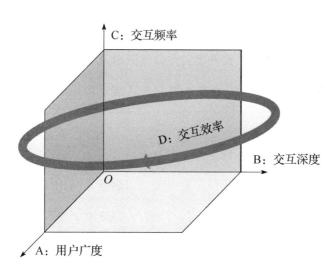

图 3-4 四个维度

在按照产品逻辑构建法确定一级指标后，管理者再根据对产品或服务的理解，总结归纳出每个维度下对应的二级指标。识别的技巧包括寻找关键因素，或基于业务流程进行业务拆分，也可以结合公式进行计算分解。

此时，数字导向指标体系的结构已经基本确定，但可能存在一个职能部门有多个业务抓手的情况，这意味着同一个部门可能需要管理和协调多种业务活动，如市场营销、客户服务、销售等。面对这种复杂性，管理者需要做出明智的决策，结合产品的发展阶段，聚焦并合理分配企业资源，找到可以实现快速增长的杠杆点。

2. 构建步骤

产品逻辑构建法的步骤比较简单，只包括构建一级指标、构建二级指标、找到聚焦领域这三个步骤。为了更清晰地说明指标体系构建步骤，这里结合一个具体例子来说明。假设一家企业经营着一个主打潮牌服装的电子商务平台，该电子商务平台刚成立不久，现阶段的竞争战略是打造平台的口碑效应，提升平台在青年人群体中的流行度。在确立数字导向为用户生命周期价值之后，结合企业战略，指标体系的构建步骤如下。

（1）构建一级指标。建立四个产品关切维度的代理变量。在服装类电子商务企业的背景下，用户广度维度可以用新、老用户数量为代理变量；交互深度维度用每笔订单交易金额为代理变量；交互频率维度用每月订单成交数量为代理变量；交互效率用退货率或点击转化率为代理变量。

（2）构建二级指标。这里主要依赖管理者的业务经验，在充分调研行业标杆企业和最佳实践后，识别出每个一级指标的核心影响因素。例如，新、老用户数量按照加法公式，进一步拆解为新用户注册激活数量、老用户留存数量和流失用户召回数量；每笔订单交易金额识别出推荐算法、满减优惠力度等核心影响因素；每月订单成交数量识别出优惠券发放、消息通知等核心影响因素；退货率或点击转化率识别出客服聊天水平、服装良品控制率、商品展示详情等核心影响因素。

（3）找到聚焦领域。尽管完整的指标体系已经构建出来，但在案例背景中，这是一家成立不久的电商企业，能调用的资源有限，无法实现四个维度的同时迭代优化。管理者就应该从增长杠杆的角度出发，找到提升潜力最大的聚焦领域。一个可行的思路是抓住用户广度和交互效率两个维度。一是企业当前处于快速发展阶段，新用户数量存在巨大的增长空间，通过多渠道拉新等方式，建立品牌知名度，占据潮牌服装电商领域的先发优势。二是平台的竞争策略是打造口碑效应，就应该提高平台的服务质量和用户满意度，在潮牌服装这个不算大众化的领域中牢牢把握住目标群体的忠诚度，利用核心竞争力取得竞争优势并为企业之后的业务成长战略奠定基础。

3. 构建注意事项

在使用产品逻辑构建法时，需要注意的事项主要有两点。

（1）定位产品类型。在识别数字导向和构建指标体系之前，管理者首先要定位产品或服务的类型，因为不同类型的产品或服务的盈利模式不同，指标体系构建过程中的核心关注点也不同。以手机 App 为例，几乎所有 App 的关注点都至少包含以下三个中的一个：注意力、交易量、创造力。注意力是指用户在软件上的停留时间，即希望从客户那里获取尽可能多的流量，例如直播类的软件、视频观看平台等。交易量是指用户在平台上的交易金额，即希望用户在 App 内完成尽可能多的交易活动，例如电商网站等。创造力是指用户在平台上产生的内容，即希望用户在平台上创造更多的高价值内容，例如知乎、B 站等内容分享社区。

这三个关注点是指标继续向下拆解的指引，它们就像产品的价值主张一样，需要贯穿并体现在整个拆解过程中。对有些产品来说，这三个关注点要兼顾，例如，电商网站需要用户的商品评论和尽可能多的浏览时间，但和视频类网站相比，除了共同关注的用户广度，电商网站更关注浏览的转化率，而视频网站更关注使用精确的推荐算法，产生更长的用户观看时间。

（2）灵活使用四个产品关切维度，准确选择代理变量。上文提出的四个维度只是一个参考，在实际使用中，管理者要根据企业特点灵活选取。例如，对于一家餐饮类企业，用户产生订单的效率可能就没那么重要，因此完全可以不出现在指标体系之中。此外，管理者还要为每个维度选择准确的代理变量。例如，交互效率维度，对于电商类企业是点击转化率或退货率，而对于搜索引擎企业来说则是每次检索的浏览数目。

3.1.3　指标体系的构建价值

德鲁克在《认识管理》一书中谈到他对战略执行的看法："除非战略规划能够转化为具体的工作安排，否则再好的规划也不过是美好的愿望。"实际上，战略的执行和落地一直是企业关注的重点。在本书提出计算思维下的数字导向方略之前，企业在战略落地的过程中，通常采用两步走的策略：先进行战略拆分，再进行战略解码。其中，战略拆分是指找出企业的核心矛盾和用户痛点，按照企业组织层级，将宏观战略拆解成多个小战略。战略解码是指各职能部门根据对战略的理解，制定部门战略目标，并在部门内部建立 KPI 考核体系，将企业战略解码为基层员工能理解和执行的业务指标。

从思路上来说，战略的拆分和解码过程与数字导向指标体系的构建过程存在相似的地方，但构建数字导向指标体系比传统的战略落地方法更有优势，包括输出稳定、构建路径可视化、化解横向矛盾、快速归因和反馈等。

一、输出稳定

传统的战略拆分过程强调逻辑链条的连贯性，即从上到下按照组织结构逐级分解，最终将战略目标落实到基层员工的具体工作任务上。尽管传统的拆分过程有成熟的方法论，且良好的拆分过程能保证战略顺利落地，但这种方法十分依赖管理者的能力和经验，过长的逻辑链条可能导致不同层级的组织对战略的理解出现偏差，因此输出的拆分方案和拆分质量不够稳定。

在企业内实行数字导向方略后，战略数字化的方法能够将战略拆分过程从单纯的定性分析转变为定量和定性相结合的方式。其中，定量部分体现在上层指标的公式拆分，以及中下层能力和指标优化程度对上层指标的量化反馈；定性部分体现在能力路径和二级指标的构建采用核心要素识别法。与传统方法相比，数字导向指标体系的构建方法更加清晰和程式化，因此方案输出质量和战略落地效果更加稳定。

二、构建路径可视化，化解横向矛盾

数字导向指标体系的另一大优点是构建路径可视化。指标体系构建完成后，就在企业内形成了体系结构和数据流的可视化。这种可视化具有两个方面的价值。一方面，无论是部门管理者还是基层员工，在纵向上，都能看到抓手指标和上下层指标间的逻辑关联以及基于数据流的定向影响。另一方面，横向上的可视化能看到相邻部门的业务活动，化解横向矛盾。在传统战略拆分时，纵向的关系一般处理得很好，但横向的关系往往无法妥善处理。这主要牵扯到目标拆分和部门协调的问题，纵向拆分处理的是层级关系，而横向拆分处理的是业务流程关系。在传统的战略落地中，部门的考核指标往往就是部门战略的完成度，因此各部门只会关注自己部门的利益而忽视业务协同效率。解决该问题的一个思路是，直接改变业务部门看问题的视角。数字导向指标体系将企业横向的运营能力纳入一个统一的框架中，由于指标体系具有可视化属性，职能部门看到了整个企业要优化的共同目标，以及横向业务流程能产生的协同作用，从而化解了横向矛盾。

三、快速归因和反馈

由于数字导向指标体系和技术支持系统相匹配，每个指标背后的业务迭代实验都可以在数据平台上完成，同时业务活动的输入变量和输出结果都会存储在系统中，因此，无论是经营活动的策略变更，还是底层指标的改善，都能够快速向上传递并获得反馈结果。反馈结果将进一步指引下一轮的经营策略迭代，并为之后的指标权重调整和增删提供依据。此外，在全过程数字化的模式下，数据分析人员还能够根据业务部门间的协同数据，分析出业务瓶颈，达到快速归因的效果。

3.2　数字导向指标体系的应用

3.2.1　商业银行的实践案例

一、案例背景介绍

商业银行 A（以下简称 A 行）是一家大型的上市银行，在国内拥有上千家分支机构，实现了省级行政区域服务网络的全覆盖。A 行的营业收入和资产规模每年保持稳定的增长，其中资产规模已经达到万亿元级别。

从 A 行的发展历程来看，该行曾多次走在时代的前列。在银行业股份制改造的浪潮中，A 行成为第一批国有控股并且是国际金融组织参股的全国性股份制商业银行；随后，在进一步的银行业市场化改革中，A 行积极寻求上市，成为第一批完成 IPO 的商业银行；如今，在数字化和智慧化的时代背景下，A 行将战略愿景设定为成为一流的财富管理银行，在战略管理、组织结构和金融产品生态等方面推进持续改革和创新，积极实践数字化转型。

A行目前的业务板块包括零售业务、对公业务、金融市场业务三大类。在市场化环境中，A行时刻面临着激烈的行业竞争以及来自业务调整和转型的压力。以零售业务为例，现在的市场是一个充分竞争的市场，不仅是A行，其他一些商业银行也纷纷提出要努力成为一流财富管理银行的战略愿景。与此同时，A行自身也存在业务模式持续转型的需求，需要从过去强调增设线下网点的产品思维转变为现在的洞察客户需求、提高专业财富管理能力的用户思维。A行在零售业务上提出了"从以产品为中心，转变为以客户为中心"的战略。

根据A行零售业务的状况，该如何为A行识别出合理的数字导向并构建起数字指标体系呢？

二、数字导向的识别

从A行的战略出发，以客户为中心意味着银行要将满足客户的各类需求作为工作的出发点，可采取的措施包括准确识别不同类别客户的个性化需求、提高专业化财富管理服务水平、扩大理财产品的丰富度，以及提高手机银行的使用便捷度等。

之前"以产品为中心"的思想是一种粗糙的卖方市场心理，这种思想忽视了客户的异质性需求，只是用产品收益率来匹配客户所有的需求，认为只要将产品收益率提高0.2个百分点，就会有源源不断的客户前来购买。虽然上调理财产品的收益率能扩大客户群体，但这种简单的产品思维会导致银行利润越来越差，产品开发越来越难，客户也不存在黏性，很容易流失。此外，通过上调收益率来提高理财产品吸引力的做法，还可能给银行带来更高的投资风险，并受到相关政策的约束。

A 行面临的情况是尽管其用户基数在各家股份制银行中最大，存款用户和云缴费用户都达到了万亿规模，但客均资产规模排名最低，并且 A 行的客户中存款储户偏多，理财产品客户较少。理财产品客户比存款储户能带来更高价值且用户黏性更大，客户一旦有理财产品的购买经验，就可能因为熟悉的购买渠道和支付习惯等原因，随时关注产品动态，提高理财产品的购买频率，形成对 A 行的黏性。

结合 A 行的战略和现状，提高资产管理规模是 A 行实现"以客户为中心"战略，构建核心竞争力的关键发力点。因此，我们可以选择资产管理规模（AUM）作为 A 行零售业务的数字导向。

下面使用本书第 2 章中提到的评价框架来验证 AUM 作为数字导向的合理性。首先，在战略维度上，资产管理规模反映了 A 行的核心价值，即为客户提供一流的财富管理服务；同时，资产管理规模背后的财富管理能力也是 A 行致力于构建的核心竞争力。其次，在经营维度上，第一，资产管理规模是盈利先导指标，因为理财产品是一种特殊的商品，通过售卖理财产品，银行可以获取资金从事收益更高的投资项目；第二，资产管理规模的概念简单清晰易理解；第三，资产管理规模拆分之后可操作，资产管理规模可以拆分成客户数量和客均资产规模，且每个一级指标可以按照能力路径继续向下拆解；第四，资产管理规模具备结果导向特征，银行每一次的经营策略调整都会通过优化的子指标层层向上反馈，直至顶层的资产管理规模。

三、数字导向指标体系的构建

在对 A 行进行指标体系构建时，我们采用能力路径构建法。结合 3.1 小节中介绍的能力路径构建法的指标体系构建步骤，A 行的指标体系构建过程如下。

首先，确认资产管理规模（AUM）的内涵和统计学定义（统计口径）。理论上，AUM 不包含贷款，除了存款、理财产品以外，还包括客户的第三方存款金。但这并没有一个通用的标准，有一些银行认为 AUM 是一个客户综合融资的资产，因此会认为贷款也应该纳入内涵中。在确定 A 行的 AUM 内涵和统计口径时，我们进行了一些行业研究和内外部访谈，包括选取其他头部商业银行开展同业案例研究，对银行业大财富管理板块中资产结构、客户资产的变迁进行细致分析，同时进行了多场内部访谈，包含 11 个零售线的部门。

其次，建立公式引领。A 行目前面临的一个矛盾点是银行客户数量足够多，但客户的资产水平较低，即高质量的客户较少。具体分析 A 行客户的组成后，我们发现 A 行的客户中有很多是从互联网金融渠道引入的，例如京东、蚂蚁金服等。这些客户基本没有资产沉淀，A 行也很难触达他们。因此，对于 A 行而言，如果要提升资产管理规模（AUM），就要做到两手抓：一方面扩大有投资潜力的客户数量；另一方面提高这部分客户的人均资产规模。根据这个思路，我们将数字导向按公式法拆解为：资产管理规模（AUM）＝客均 AUM×客户数量。

再次，建立能力路径。在乘法公式的引领下，A 行要在每个乘法因子下识别出关键能力，建立起全局的能力路径，每个能力路径又可能被拆解成多个细分能力。具体来说，如图 3-5 所示，A 行在客户数量因子下，识别出三项关键能力，包括新客户的激活能力（"新客激活"）、集团内其他类型客户的协同转化能力（"协同转化"），以及针对不同类型客户的定向营销能力（"客户分类"）；在客均 AUM 因子下，识别出四项关键能力，包括产品供给能力（"产品供给"）、客户需求识别能力（"客户需求"）、产品策略配置能力（"产品策略配置"）和专业服务能力（"专业服务"）。每一项能力路径又被拆分成多个细分能力。以客户需求识别能力为例，构成该能力的关键细分能力包括客户需求模型构建能力（"模型丰富度"）、客户画像能力（"客户画像完美度"）、敏捷响应能力（"敏捷响应"）和客户经营与分析能力（"客户经营与分析"）。

最后，构建二级指标以及更下一级的指标，形成完整的指标体系。二级指标及以下细分指标是具体经营活动的抓手，需要业务部门参与和执行，因此在构建时需要结合业务部门的经验进行拆分。例如，在新客户的激活能力（"新客激活"）路径下，根据业务活动确定了获客、激活、留存、收益、传播五个子指标，并给出各指标的具体采集或计算方式。进一步，获客指标每日新登入用户数（"日新登用户数"）的二级指标包括新登用户开卡率和新开卡用户手机银行注册率。在客户需求识别能力（"客户需求"）路径下，针对四项关键能力，从实际业务出发分别细化得到 3 项、9 项、2 项、2 项二级指标，涉及模型总数量、客户动/静标签数量、交付周期、客群方案数等。

在客均 AUM 下，经过分析得到"专业服务"→"双曲线——第一

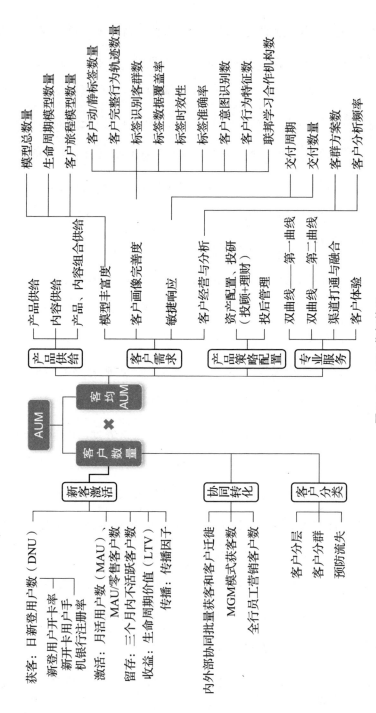

图 3 - 5 AUM 指标体系

曲线"→"理财经理队伍建设"这一关键路径，而"理财经理队伍建设"的数字导向指标是"人均产能-理财经理均 AUM"。此时，将这一指标视为一级指标（在完整的指标体系中是多级指标），其可以进一步拆分为"对外营销服务效率"和"对内管理效率"两个指标（见图 3-6）。这两个二级指标还包含更丰富的内容，并不能直接采集或计算，需要进一步向下细分得到三级甚至四级指标。经过这样的指标体系构建过程，得到的以数字导向为引领的可量化指标能够与具体的经营活动紧密联系，有助于任务执行与能力提升。

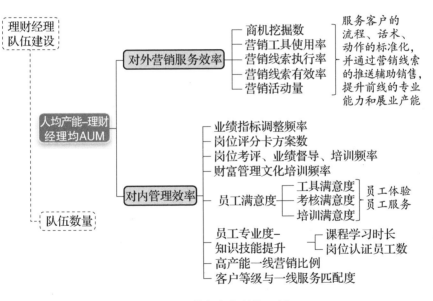

图 3-6 指标拆解结构示例

四、调整组织结构

数字导向指标体系是按照企业战略逻辑构建的，A 行从以产品为中

心转向以客户为中心的过程势必会带来组织结构的调整。例如，在过去
A行通过管户制（按户对管理事项实施精细化管理的一种方式）服务客
户，在组织结构上，各个开户银行负责对开户用户进行管理，但这种方
式很难拉齐各分支行的服务水平，对拉新活动也十分不利。在数字导向
指标体系下，和客户相关的活动，如客户需求、客户拉新、理财产品设
计等由总行统一管理。

为了确保企业战略和数字导向方略的顺利落地，就需要对组织结构
进行一些调整，使企业服务做到以客户为中心，且更适应数字时代背
景。A行为实现以客户为中心的战略，对组织结构进行了一些调整，例
如把原来独立的中台部门合并到基础零售部门，将渠道部门和客群部门
进行整合等。调整的整体思路是用集中化管理取代分散式管理，站在全
行的角度对客户进行统一管理。

在实际落地中，鉴于银行事业单位属性，组织结构难以进行激进调
整，因此核心还是管户制，但是在管户制下，银行可以从统一数据入
手，建立技术中台，将客户画像、模型预测、精准营销等业务集中在总
行技术中台，提高银行的整体数字化水平和能力。

3.2.2 连锁快餐公司的实践案例

一、案例背景介绍

B公司是一家领先的连锁快餐公司，拥有多个知名品牌的独家运营
权和授权经营权，经营着超过一万家线下餐厅，年营业收入超过百
亿元。

　　从公司发展历程来看，B 公司在品牌运营、供应链管理、产品质量、数字化营销与发展等方面不断探索与创新，积累了丰富经验。其中，数字化升级是 B 公司近些年的战略重点，也决定着企业在未来竞争市场中的盈利能力、服务水平和可持续发展能力。

　　作为一家领先的连锁快餐公司，B 公司在数字化方面进行了许多探索和投入，包括：在移动端，推出了自己的 App 和小程序，在优化客户点餐体验的同时，收集客户画像和交易数据；在数字化营销方面，精准定位目标客户群体，积极在社交媒体上进行品牌推广和互动；在数字技术应用方面，提供自助点餐、人脸识别支付等服务，提高了客户的消费体验。在线上业务不断发展的同时，B 公司也面临一些问题和挑战，例如，尽管线上订单数量不断增加，但消费客单价较低，数字化升级缺乏完整的管理体系和理论指导等。

　　根据 B 公司的战略需求和业务发展现状，该如何在数字导向方略的指引下，识别出数字导向并建立指标体系呢？

二、数字导向的识别

　　在案例背景中，我们了解到 B 公司拥有多个餐饮品牌的特许经营权，并且在前期已经进行了大量的数字化建设投入，例如组建自己的数字化团队，拥有完善的数字化基础设备等，且 B 公司线上订单量在同行业中领先，目前面临的问题是线上订单的客单价偏低，线上客户群体需要进一步拓展。

　　B 公司线下业务的核心竞争力是快捷提供品质稳定的餐饮服务，且经过多年发展已经形成稳定可靠的管理体系。在该案例背景之下，我们将数字导向方略的应用边界选定为 B 公司的线上业务，即 B 公司 App 提供的线上服务和营销推广业务。

从业务需求和产品的视角出发，对 B 公司数字导向的识别更适合采用自下而上的方式，即通过对产品特点和经营活动的归纳总结，提炼出企业的数字导向，进而引领核心竞争力的快速提升。按照本书第 2 章提出的识别方法，自下而上的识别要求管理者足够了解产品的关键组成要素，并时刻瞄准核心竞争力。B 公司的线上业务主要集成在 App 和小程序中。从产品定位的角度分析，B 公司的 App 不是一个电子菜单，而是用户进行消费的流量入口，这具体表现在 App 不仅为用户提供线上下单的基础服务，还向用户推送大量优惠活动、推荐特价产品组合，让用户在消费之前充分获取优惠信息。丰富、多样化的优惠活动和产品推荐是让顾客眼前一亮，吸引顾客进行更多消费的关键要素。因此，B 公司线上业务的核心竞争力是数字营销能力，即通过设计丰富的营销活动、建立用户画像等方式，进行产品推荐和展示，实现吸引用户注意力和挖掘用户消费潜力的目的。

基于以上对产品要素与核心竞争力的分析，我们可以选取一个和消费者生命周期价值相关的指标——一段时间内的每用户平均收入（average revenue per user，ARPU）作为 B 公司线上业务的数字导向。

三、数字导向指标体系的构建

B 公司的线上业务主要集中在 App 和小程序中，同时也依赖线上形式与用户进行直接交互并进行营销推广等，因此可以采用产品逻辑构建法构建 B 公司线上业务的数字导向指标体系。

首先，指标体系最顶层的指标是每用户平均收入（ARPU），一级指标是线上业务最关切的四个维度：用户广度、交互深度、交互频率和交互效率。其次，按照业务经验对每个维度进一步拆分，例如用户广度可拆分为新用户注册量、新用户激活率、老用户留存率；交互深度可拆分为客单价、会员增长率、推荐算法效果；交互频率可拆分为产品复购率、App 推广效果、其他推广效果；交互效率可拆分为客服效率、用户满意度。

最后，产品逻辑构建法要求管理者选定聚焦领域。聚焦领域的选择既要考虑企业或产品的发展阶段，又要考虑核心竞争力。对于 B 公司的线上业务来说，数字营销能力是它的核心竞争力，当前的发展阶段需要在继续扩大用户覆盖范围的同时提高用户价值。因此，在构建指标体系最底层的产品举措时，管理者应在用户广度维度设计更多的拉新方案，包括设计新用户优惠活动、投放拉新广告等；在交互深度维度优化推荐算法、丰富促销活动等；在交互频率维度定期发放优惠券、设置周期性优惠活动等；在交互效率维度优化 App 界面、升级智能客服等。除了聚焦领域，管理者还可以根据业务经验，在不同维度补充能够提升 B 公司数字导向的产品举措。

在完成上述三个步骤之后，就为 B 公司的线上业务建立起完整的数字导向指标体系，如图 3-7 所示。

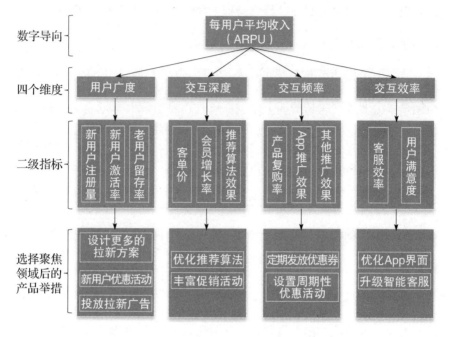

图 3-7　B 公司数字导向指标体系及产品举措

四、实施预期效果及思考

在实施数字导向方略后，预计 B 公司的线上订单率和线上客单价将会逐年提高，用户也会形成线上加购和下单的消费习惯，更重要的是，大量的线上用户群体和消费行为数据将会进一步提高 B 公司的数字营销能力，从而使 B 公司形成领先于其他竞争对手的核心竞争力。

对于 B 公司来说，数字导向指标体系的核心价值不仅在于提高了企业的数字营销能力，而且在于用一个统一的指标框架解决了客户关系管理的协同性难题，用量化指标提高组织效率，避免企业过度局部优化而损害整体效益。

数字导向是和用户生命周期价值相关的每用户平均收入（ARPU），这既是一个简单清晰、容易量化的指标，又是一个跨越消费周期的指标。跨周期性保证了数字导向能够观察到局部优化带来的滞后性问题，例如，过度发放优惠券短期能提高销售额，但长期可能会打乱产品价格体系，降低消费积极性。

数字导向指标体系改变了高层管理者的视角。在过去，尽管管理者明白横向业务流程的顺畅衔接对产品乃至企业的成功十分重要，但在战略分解和执行阶段，只能以定性分析的视角向各职能部门分配任务和资源，同时也难以把握战略的实施效果。数字导向让管理者获得了定量分析视角，不仅能看到全局可视化图表，而且能定量分析各部门间的协同效果和对战略的贡献度。

数字导向指标体系改变了业务部门的视角，从过去紧盯本部门KPI，转变为协同横向部门，共同优化顶层数字导向。在没有实施数字导向方略之前，不连通的数据流限制了业务部门的视野，而数字导向指标体系赋予各部门整体的视角和思维。例如，在数据流不连通而无法准确量化各部门贡献度时，B 公司的拉新团队为了快速提升新用户数量，可能会投入大量资源，向潜在用户发放优惠券，但这种发放优惠券的方式可能会导致用户仅仅为了优惠而注册，而不是对产品或服务真正感兴趣，从而增加用户留存难度，最终损害数字导向。B 公司打通数据流后能够评价各部门的协同效果，用共同的指标促进 B 公司各部门、各团队间横向协作。

第 4 章

数智执行

在数字导向理论框架已经构建完备的基础上，本章聚焦数字导向方略的落地与执行、数字导向智能平台的搭建与应用，遵循"执行准备、落地执行"的思维逻辑。首先，在构建数字导向智能平台之前，管理者应进行充分的调研分析，并进行数智基础建设和能力培养。其次，根据企业的业务体系建设数字导向智能平台，帮助职能部门快速上线增长实验，以数据驱动的方式优化经营策略，推动数字导向方略的落地与执行，实现企业能力的快速迭代提高。

本章将围绕数智执行讨论以下方面的重要问题：落地数字导向方略之前有哪些必要的前置准备工作？实现数据智能要经过哪几个必要阶段？数字导向智能平台应该如何建设？又该如何使用？

4.1 数智执行的准备

从工程的角度分析，在建设数字导向智能平台和执行数字导向方略之前，企业管理者和系统工程师需要完成若干必要的准备工作，包括企业内部资源调研、系统需求分析、数据支持系统建设、数智能力培养、数据定义和采集以及组织的管理结构调整等。

从理论角度分析，根据数字化相关理论和资源编排理论，静态的数字资源（如数据集、文档、图像等）和动态的数字能力（如机器学习算法、实时数据处理、预测模型等）有机结合，生成有价值的洞察和智能化的决策支持，是形成数据智能的基础。本书要构建的数字导向智能平台，正是一种高阶的数据智能，即在基础数据处理和分析之上，利用先进的算法和技术，实现更深层次、更复杂的智能决策和预测能力。在企业中，要形成数据智能需要经过三个阶段：一是数字资源建设，即企业通过建设大量数字化基础设施，获得数字化和智能化的前置资源；二是资源捆绑，即企业将数字技术和数字资源与业务结合，获得使用数字资源创造业务价值的能力；三是资源撬动，即利用数字化能力，搭建覆盖企业全业务的智能平台，实现价值传递。

4.1.1 数字导向智能平台需求分析

在介绍本章内容之前，我们首先应该清楚要建设的数字导向智能平台是一个什么样的系统，具有哪些功能。总的来说，数字导向智能平台是一个涵盖企业全链条经营活动的线上智能实验系统，这个平台并不仅仅是由若干企业子系统简单组合而成的，而是一个以数字导向为核心，通过对企业各项经营活动进行快速迭代实验来实现增长和优化的系统。这个系统的设计初衷是通过数据驱动的方式，帮助企业在不断变化的市场中快速反应并做出科学决策，最终实现持续的业务增长和优化。从底层数据来看，它依赖企业内部数据的连通，从企业各子系统采集经营活动的结果数据和各项输入数据；从中间层的处理机制来看，它内嵌了增长实验场景化模板，通过接入机器学习等技术模型对增长数据进行分析；从上层应用来看，它的主要功能包括快速设计业务增长实验，提供对数字导向的智能分析和监控的看板。

在数字导向智能平台落地之前，管理者应该做的第一件事是企业内部调研和需求分析。具体来说，管理者需要考虑以下方面。

（1）确定数字导向智能平台的建设目的和应用范围。数字导向智能平台的建设目的是保障数字导向方法论落地实施，用可计算的数字指标和快速迭代实验，引领企业经营活动并促进企业业务能力提高。平台的应用范围包括各项数字指标所对应的经营活动，这些经营活动往往嵌套在不同的业务流程中，涉及多个职能部门，并可能分属于不同的子系统。调研和分析平台的应用范围对后续的数据流分析和组织结构调整有重要意义。

（2）定义平台数据流，进行数据需求分析。整个数字导向指标体系涵盖企业的不同业务流程，例如传统制造企业的研发、生产、营销、销售等业务。数字导向智能平台的智能化能力依赖这些业务流程中产生的业务数据流，来自各项业务的数据需要经过标准化口径定义，以确保数据的一致性和可比性。接着，这些数据会被系统有效地采集，并通过一系列数据清洗过程，去除无效或错误的信息，确保数据的质量和准确性。经过这些步骤处理后的数据，最终会被存储在企业数据仓库中。在物联网下，每一台设备的数据都可能被接入系统中，这些数据可能达上万亿条，规模相当庞大。

（3）评估现有 IT 基础设施。包括和数据相关的信息系统建设，和业务效率及决策相关的数智技术等，其中最重要的是了解企业现行的 IT 架构，调研评估企业已有的信息系统，识别为构建数字导向指标体系还需要建设的信息系统。

（4）制订平台建设计划。基于以上分析结果，制订数字导向智能平台的建设计划，包括平台建设时间表、资源需求、系统建设优先级和实施步骤等。

（5）调整组织现有结构，以适配数字导向智能平台的落地。

在上述调研和需求分析要点中，对于平台建设来说，最核心也是最具挑战性的部分是对数据流和数据需求的分析。为了保证数字导向智能平台所需数据集的完备性以及子系统建设的合理性，管理者可以考虑将数字导向指标图和价值链模型相结合的分析思路。尽管我们可以根据指标图找到每个指标对应的职能部门，进而映射到企业现有的信息系统，但子系统的建设并不是严格地按照职能部门规划，而是根据业务流程进行设计，例如最常见的企业资源计划（ERP）系统并不能准确地对应到某个具体部门，而是用于管理企业的各个业务流程，包括采购、生产、库存、销售等，通常包括供应链管理、生产计划、销售管理、财务管理等模块。价值链模型可以保证管理者看到企业中每一个创造价值的环节，并能够从全局的视角分析底层数据流方向。图4-1展示了经典的波特价值链模型。

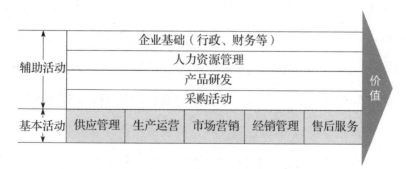

图4-1 波特价值链模型

在实际使用价值链模型分析企业的数据流和数据需求时，可以根据企业特点调整模型中的价值活动，但基本逻辑不变，即经营活动划分为基本活动和辅助活动。现在举一个例子，说明如何进行数字导向智能平台建设前的数据需求分析。

假设案例对象是一家传统的连锁便利店，现在希望使用数字导向方略提升线下门店的效益，选定的顶层数字导向是每平方米盈利额，数字导向指标体系构建为供应链能力、市场营销能力、商品管理能力、运营能力和客户服务能力等能力路径，其下又分若干细分能力路径和二级指标。在建设数字导向智能平台之前，该连锁便利店拥有一个底层的 ERP 系统，面临的问题是 ERP 系统集成化程度较高，难以进行大规模扩展；系统数据大多是员工手工输入，数据更新周期较长且容易出错，无法适用数字导向增长实验的快速迭代。因此，最佳方案是重新分析连锁便利店的数据需求，基于价值活动建立全面的数字信息系统。

结合价值链模型，连锁便利店的基本活动包括开店前的选址管理，开店后的供应链管理、门店商品管理、客户服务管理等；辅助活动包括人力资源管理和财务管理。下面我们分析这些基本活动所需要的数据和系统支持。首先数据驱动下的智能选址需要地图数据的支撑，包括所选地址附近的基础设施数据、办公区及居民区人流量数据、交通数据、竞品商店数量等。供应链管理活动的输入数据包括客户订单数据、上游采购数据、库存数据、销售数据、物流运输数据等，输出数据包括订单进度、库存周转率、运输状态等，这些数据来自物流系统、库存系统、供应链协同系统等多个信息系统。

门店商品管理活动是最重要也是最有可能形成该企业核心竞争力的价值活动，涵盖了门店选品、促销定价、商品陈列等细分活动。输入数据包括门店历史销售数据、库存数据、门店地图信息、消费者个人信息、时间季节数据等。经过分析，门店商品管理活动需要新建一个门店管理系统，并依赖库存系统、客户关系管理系统、供应链系统等的数据支持，在硬件和数智能力方面，投入智能结账终端、AI决策算法等技术资源，实现门店选品组合、货架摆放位置、动态定价、商品补货预测、员工动态排班等数据输出，达到降本增效、提高服务质量的效果，形成门店商品管理智能化、自驱动的核心竞争力。

总的来说，为建设线下连锁便利店的数字导向智能平台，需要来自价值链各个环节的数据。其中一部分数据来自企业已有的系统，如供应链系统、库存系统等，但数据的采集和输入方式应该由人工变为智能设备；另一部分数据需要建立新的信息系统，如门店商品管理系统。这些底层的数据可能会共享和相互传递，形成系统间的对接，为后续基于数字导向指标体系的快速迭代实验奠定数据基础。

4.1.2 智能平台的数智基础建设

根据资源编排理论和数字化实践，在获得以数字导向智能平台为代表的高阶数据智能之前，企业首先要进行数智基础建设，即建立包括数据采集、存储、处理和分析的硬件设施和软件系统，以及确保数据质量和安全的治理措施，以获得数智资源，即高质量的数据信息和智能化工具。和传统的信息化建设类似，数智基础建设的重点之一是完成数据线上化改造，不同点在于数智基础更注重数据的标准化和跨系统流动性，旨在打通企业内部的数据流。按照数据的处理阶段，数智基础建设大致可划分为以下两个部分。

1. 数据线上化

数据线上化是实现企业数据智能的基础。简单来说，数据线上化是指将各种信息例如纸质文件、声音、图像等编码成数字格式，使信息可以通过数字信号进行传输，并能够被计算机处理和存储。对应到企业的经营活动中，数据线上化又包括数据输入输出线上化、业务流程线上化、数据处理和存储线上化等。目前企业界已经有许多成功的数据线上化实践，具体介绍如下。

（1）建设数智信息系统。信息系统是数据线上化的经典实践，被用于收集、处理、存储、分析和传递信息，以支持企业或组织的运营和决策。从信息系统的发展历程来看，最初企业为处理某一特定的业务而开发了信息化软件，例如为解决手工记账烦琐的弊端，开发了财务管理软件。随着在软件中加入更多的业务场景，需要进一步考虑更多角色的人员和他们之间的协同工作，此时就需要开发一个包含硬件、软件、数据、人员和流程等多个要素的信息系统。跨流程和跨职能部门的管理需求又产生了更加复杂的信息系统，例如企业资源计划（ERP）系统、客户关系管理（CRM）系统等。

目前企业在信息系统建设尤其是信息系统拓展方面遇到了实际的困难，例如子系统间的业务接口不兼容、数据难以共享等。这是因为传统的以业务需求为出发点建设的信息系统天然具有陷入局部优化的倾向性。从结果来看，由业务端发起的信息系统建设固然具有短期数字化效率高、效果直观的优点，但突出的问题是受限于业务目标，数据的流通性和复用性差，当新的跨部门业务需求出现时，原有系统难以扩展，陷入重新进入短期目标管理和系统建设的循环。

与此相对，如果从系统架构的高度发起信息系统建设，则能够充分考虑信息价值的全局性，通用性的信息将会在企业内部进行纵向和横向传递。同时，全局性的信息系统架构能够为未来的业务子系统建设预置扩建空间，即便是新建的信息系统也能够在业务、数据层次融入系统框架中。

在数智时代，企业需要实现数据线上化，但不能盲目地建设大量的复杂信息系统，这只能实现低效的线上化。一个可行的建设思路是构建专业系统和通用系统相结合的系统架构，如图 4-2 所示，专业系统与企业的业务和支持活动直接相关，负责采集数据；中台系统则作为通用系统，汇聚和整合各专业系统的数据，以形成数据服务能力和数据共享能力。

图 4-2　数智时代的通用系统架构

（2）搭建"终端＋云端"的大数据管理平台。数据线上化不仅要将企业现有业务流程产生的数据转移到线上，更本质的要求是用数据在人与人、人与物、物与物之间建立广泛的在线连接，进而推动企业商业模式、经营管理模式的巨大变化。

随着数智技术的快速发展，为解决数据采集和连接问题，企业界常采用的实践方式是搭建"终端＋云端"的大数据管理平台。终端是指智能终端设备和物联网技术，云端是指云计算技术。对于面向生产制造的工业企业，"终端＋云端"的模式可以降低系统间连接的成本，从而为建立新的智能体系提供可行路径。制造企业通过智能传感器采集生产过程中每台设备的信息，使用数字孪生的方式建立起透明数字工厂，实现工厂设备生产状态、生产计划和能耗数据的在线化和透明化。智能终端与云计算赋能的大数据管理平台进行连接，为制造企业的生产、物流和销售环节提供关键参考数据。

对于面向消费者的企业，"终端＋云端"的模式使数据线上化的速度更快和准确度更高，大大提升了服务的响应速度。例如，零售类企业可通过智能销售终端对商品销售数据、客流量数据快速采集，提高货架管理、促销活动和服务排班的响应速度。物联网技术的普及不仅拓展了数据的采集范围，而且改变了数据的采集方式，用智能设备之间的连接代替传统人机之间手动的数据输入方式，这种数据连接速率和准确率的提升，为后续系统自动化决策等智能模式提供基础。

终端、云端和大数据平台的结合，使流程智能化、自动化，从而减少了人工参与数据收集和烦琐流程所导致的产品生产周期延长。同时，数据全面线上化为产生新的业务模式、应用闭环智能决策算法提供了机遇。

2. 数据清洗与沉淀，形成数据资产

在完成数据全面线上化之后，企业还要投入资源对数据进行清洗和沉淀，让广泛的企业数据形成有价值的数据资产，实现降本增效和赋能业务创新。下面将介绍如何使用数据仓库和相关技术完成对数据的清洗和沉淀。

数据仓库是一个较为成熟的技术概念，其本身是一个企业级的面向分析和决策支持的数据系统，负责从各个业务信息系统数据库中提取数据，打破数据孤岛和烟囱效应，在对原始数据进行清洗和沉淀后，为后续的数据分析、智能决策提供高质量数据。

对于管理者而言，数据仓库的最大价值在于它能将分散在各个业务流程和结果中的数据转化为宝贵的数据资产，而数据资产是实现战略数字化、企业数智化的重要推动力。数据仓库的搭建为后续的数据分析、智能化应用提供了安全、易用的接口服务。如果说企业的智能决策和数字导向增长实验是一连串"0"，那么原始的线上数据和数据仓库就是最初的"1"。它们的关系如图 4 - 3 所示，数据仓库是一个层级系统，它从业务信息系统和企业外部数据源快速提取各种结构数据，经过数据清洗、沉淀等多个步骤，将原始数据转化成标准统一、可自动化连接的数据资产，为企业最终要建设的数字导向智能平台提供安全易用的接口。

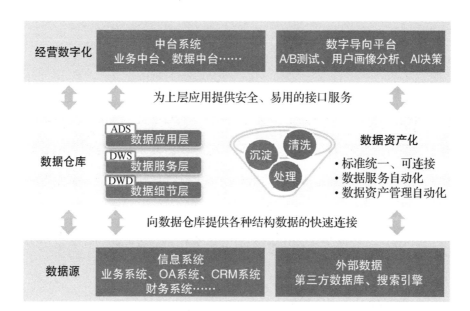

图 4-3　数据资产赋能经营管理

数据仓库是企业转型必不可少的数智基础，它结合智能终端和信息系统，让企业获得从"全连接"到"全感知"的能力扩展。"全连接"指的是将企业内部和外部的各种数据源无缝连接起来，确保数据流动畅通无阻，而"全感知"则意味着企业能够实时监控和感知业务环境中的变化，快速响应市场需求和业务动态。这种能力的扩展使企业在面对复杂多变的市场环境时，能够更加灵活和高效地运营。通过对来自多数据源的数据进行反复清洗、整合和沉淀，数据仓库从最底层解决了企业面临的信息孤岛和烟囱效应难题，使各部门之间的数据能够互通共享，提升整体运营效率，进而实现企业数据资产化升级，赋能智能决策系统和经营管理。

4.1.3 数智能力构建

近十年来，包括大数据、云计算、物联网、人工智能在内的新兴的IT不断涌现，推动着我国企业的数字化转型和数字经济发展。这些新兴技术大致可分为两类：一类和数据采集与处理相关；另一类和利用数据创造价值相关。根据资源编排理论，在完成数智基础建设后，企业下一步要将数智资源与业务结合，形成数智资源创造业务价值的能力。在这里，本书以 AI 技术为例，介绍以 AI 技术为代表的数智能力在企业中的应用实践。

1. 智能决策类 AI 算法

数字导向方法论的一个核心理念是用定量计算替代定性分析，用自动智能决策替代人工判断，这就要求管理者有更多的数智决策能力。智能决策类 AI 算法是 AI 算法中的一种，旨在通过使用大量数据模拟人类的决策过程，以实现智能决策。这些算法通常基于机器学习、深度学习和强化学习方法，自动化地生成、评估和优化决策方案。

随着技术的不断发展，智能决策类 AI 算法已经发展出较为成熟的企业级产品，例如，国内 AI 企业第四范式开发的企业级 AI 操作系统、自动决策类机器学习平台等。其中，自动决策类机器学习平台依托高维机器学习框架与 AutoML 算法，将烦琐和高难度的工作全部交给机器，弥补企业接入 AI 所需人才的不足，为企业提供低门槛、标准化、自动化人工智能机器学习平台，可在企业内快速部署。快速部署 AutoML 决策平台流程如图 4-4 所示。

图 4-4　快速部署 AutoML 决策平台

智能决策类 AI 算法在企业中拥有广泛的应用场景，已经在实践中充分地验证了其应用价值。以银行为例，银行许多数字导向子指标的优化实验都适合使用智能决策类 AI 算法，例如信用卡交易反欺诈、直销银行团伙欺诈识别、境外伪卡欺诈侦测、反洗钱等。根据收集到的反馈数据，在银行部署自动决策类机器学习平台后，信用卡线下欺诈识别的效率比使用专家规则提升了 40～260 倍，在覆盖 90％交易规模的前提下，AI 算法将准确率提高了 5 倍。

2. 企业级 GPT 类大语言模型

在 OpenAI 推出 ChatGPT（Chat Generative Pre-trained Transformer）后，大语言模型在用户端表现出了惊人的通用能力、上下文理解能力和逻辑推理能力。AIGC（AI Generated Content，AI 生成内容）成为当前 AI 领域的研究热点，GPT 类大语言模型注定会成为改变生活方式、工作方式和生产方式的里程碑式产品。

在企业端，GPT 类大语言模型具备巨大潜能，它对企业的影响体现在方方面面，包括提高业务效率、重塑业务流程、建立自动化的业务生态等。当前有很多国内外公司，尝试将 GPT 类大语言模型与企业生产工具结合，包括国外的微软、谷歌，国内的第四范式、百度等。

对比以聊天交互为主的客户端 ChatGPT 应用，企业级 GPT 应用模型需要具备三个特点：可信、安全、经济。这三个特点为 GPT 模型在企业广泛部署和大规模应用提供了保障。首先，企业级 GPT 模型需要解决信息可信的问题，大语言模型的训练基础是利用上文预测下一个字，这导致一般的语言模型在一些专业领域可能会产生一些不真实的信息。企业的业务场景通常比较严肃，对模型准确性要求非常高，特别是医疗、司法等领域，甚至需要 100% 准确。因此企业级 GPT 模型需要在训练阶段加入更多专业领域的知识和规则，并采用人工反馈的强化学习机制避免让模型产生虚假信息，同时通过运营机制的设计实现"模型无法达到 100% 准确性的情况下，保障企业 100% 可用"。其次，企业级 GPT 模型需要能够在应用过程中保障企业数据安全。企业购买定制化的模型后，可以将模型部署在自己的计算资源上，保证数据不出本地，而不必担心企业机密数据泄露给第三方公司。最后，企业级 GPT 模型需要纳入企业投资回报的考虑，因此必须考虑成本可控和经济性问题。一方面是数据和算力成本，其因企业个性化需求不同而不同；另一方面是开发成本。通过基础大模型叠加专业插件的模式，使开发方和使用方都不必将大量的资源用在模型反复训练上，而只需根据使用方的实际业务需求开发定制化插件，可以极大地降低开发成本。例如，一家零件设计公司希望将 GPT 模型融入画图设计软件中，只需要额外购买一个专业插件即可，而上游 AI 企业也仅需开发一个画图插件，并做好大语言模型和应用软件的适配。生成式 AI 的诞生，让我们看到了帮助企业进一步提升执行能力的契机。在数字化转型过程中，AI 决策能力能帮助企业提升策略制定的效率和效果，但企业中仍有大量环节需要依靠人去执行，这时人的执行效率就非常关键，而生成式 AI 的应用有望进一步提升企业的执行效率，特别是在策略的有效执行和数据反馈循环的质量提升方面具有相当大的潜力。

在未来的愿景中，以生成式 AI 重构企业软件（AI Generated Software，AIGS），从而进一步提升企业的生产效率和战略的执行效率。目前看来，生成式 AI 重构企业软件可分为三个阶段，分别是使用 AI 协助执行任务的阶段、AI 参照规则自动执行任务的阶段，以及在强大逻辑推理能力的支持下，AI 自动执行复杂任务的阶段。

生成式 AI 重构企业软件的第一个阶段改变了员工和软件的交互方式。由于要满足复杂的业务需求，企业级的软件往往有大量的菜单功能界面，例如工业设计中常用的 CAD（Computer Aided Design，计算机辅助设计）软件等。专业软件大量的层叠式菜单栏造成了较高的使用门槛，也增加了企业员工的学习成本，这和业务优先的逻辑是相违背的。企业级 GPT 模型借助 Copilot（AI 助手）将菜单式交互升级成端到端的交互，员工只需使用自然语言命令，就可以让软件完成操作任务，例如，让修图软件将亮度提高 30％ 等。但是，企业内部的任务通常不是单点的操作，而是一系列的业务流程。生成式 AI 重构企业软件的第二个阶段是让软件能够参照规则自动完成复杂任务。例如让修图软件将图片美化，可能涉及第一步将亮度提高30%，第二步提升饱和度到5%，第三步进行图片锐化操作，诸如此类。这一阶段依赖人工总结的企业内部知识库，结合知识图谱技术确保软件输出的内容是准确、可信的。参照基于知识库的操作指导AI辅助或者自动完成一系列任务。生成式AI重构企业软件的第三个阶段是让软件能使用思维链（Chain of Thought，CoT）能力进行多步推理，自动完成复杂任务。在第二阶段中，AI的指导仍然依赖于人类经验，因此其表现无法超过人类的经验积累，同时，许多企业在发展过程中可能并没有充分总结和沉淀相关经验和规则，这导致AI在这一阶段的表现受限。为了突破这一限制，在第三阶段，AI将基于数据自动生成思维链，并通过数据反馈循环和持续优化，不断提升和优化业务思维链。例如，在企业级GPT模型与客户关系管理系统结合后，当管理者想要提高医药代表的销售业绩时，GPT模型会自动推理出行动步骤，并能够将这些步骤在系统中落地，作为对医药代表的考核与约束。

企业级GPT模型和数字导向方略的结合价值主要体现在两点。第一，借助AIGS第一阶段的能力，企业级GPT模型可以提高线上实验的执行效率，加快指标的迭代优化速度。过去，管理者需要先设计好增长实验，再将实验需求交给技术人员，这中间可能要花上一两天的时间。现在，技术人员甚至管理者可以直接使用自然语言让GPT模型协助完成实验的上线任务。降低的学习成本和智能的生产方式，可以让团队更加专注于数字导向增长实验的逻辑设计。第二，借助AIGS第二、第三阶段的能力，企业级 GPT 模型可以辅助完成复杂业务流程的设计。在数字导向方略的落地过程中，虽然已经拆解出能够直接引领经营活动的指标体系，但提升底层指标的经营活动可能是一个单点的增长实验，也可能是一个多步的增长实验组合。因此，业务部门在增长方案的设计阶段，可以使用 GTP 模型的思维链能力，提高方案设计的效率和质量，并且通过数据闭环实现业务流程本身的迭代和优化。

4.1.4　组织准备

在落地实施数字导向方略之前，企业除了要投资数智技术，进行资源和能力的建设，还要对内部组织结构进行调整。数字导向智能平台作为一种新的技术和管理方法，对员工和组织提出了不同的要求，这些要求必须通过适当的组织形式来满足，否则就会出现技术和组织结构不匹配，甚至导致企业战略数字化转型失败。

其中的管理思想其实很简单，当引入一个能影响企业整个经营活动的管理框架与系统时，管理者要根据新框架的特点，提前做好组织准备，并接受新技术落地后对组织结构可能产生的变革影响。为保障数字导向智能平台顺利落地，管理者要在以下方面做好组织准备。

1. 管理者认知准备

在传统的理论和实践中，人们普遍将为适应新技术而进行的组织准备看作一个宏观问题，认为组织准备就是要设计新的治理结构、提高组织的能力，但实际上高层管理者的认知同样发挥着重要作用，并且是组织准备时首先要完成变革的部分。

在开始建设数字导向智能平台之前，企业管理层的"一号位"首先要在认知层面上认同战略数字化的必要性和数字导向方略的价值，并在企业拥有数智资源和能力后，制定和实施匹配的行动策略来推动数字导向智能平台建设。企业"一号位"管理认知的重要性体现在两个方面：首先，管理者的认知本质上是一个信息过滤器，当"一号位"面对大量的企业内外部信息时，需要根据管理认知对决策信息进行判断和过滤，这决定了数字导向智能平台的建设能否获得足够的资源支持；其次，"一号位"的管理认知是将策略从设计转变为行动的推动力，能解决推行新技术时组织内部天然存在的惯性阻碍。

2. 组织结构准备

数字导向方略是一种新的战略管理框架，用结构化的定量指标替代经验性的定性分析，其背后体现的是战略数字化的计算思维。和传统的战略、经营管理方法相比，数字导向方略的根本不同点在于强化了数字逻辑，用企业部门间的数据穿透推进信息孤岛的相互连接，在战略分解和执行时，用指标直接引领经营活动，通过数据取代对组织层级的依赖。这种数据驱动的方式，可能会改变企业原有的治理结构，因此，为保障数字导向智能平台落地，企业要主动调整组织结构。

在数字逻辑下，企业的组织结构朝着扁平化、网络化的方向调整。这种组织结构上的调整具体体现在两个方面：

首先，组织结构的链式层级减少，管理宽度增加。这是因为数字导向指标体系将指标直接拆解到具体的经营活动上，企业管理者可以通过实时共享的数据看到业务的执行情况，管理透明度的提高使高层管理者可以直接看得到业务，而不必依赖组织结构的层层传递。举一个典型的例子，在银行的治理结构中存在着管户制，即开户行负责对本行的客户进行管理，例如开展营销活动、推荐理财产品等。但数字导向方略要求底层数据实现共享，进行由总行主导的、覆盖所有客户的增长实验。为配合数字导向智能平台落地，银行需要改革组织结构，成立总行的数字客户关系管理部门，将客户关系管理业务从支行向总行汇集，实现统筹式管理。

其次，组织结构的网状性加强。组织结构的网状性源于各职能部门之间的业务合作和信息共享，例如企业新组建的数字导向团队和多个职能部门有关联，其成员来自不同的部门、有不同的专业背景，既有公司的高级管理者，又有熟悉产品的产品经理和懂技术的程序员，这种组织结构可以促进跨部门协作和知识共享，提高工作的效率和质量。此外，增强组织结构的网状性也意味着提高资源和业务的触达，让企业更有可能产生新的业务机会。

3. 组织能力准备

为匹配数字导向方法论，让企业进入一种快速迭代循环的增长状态，企业还应该提高组织的快速响应能力，向敏捷组织演进。企业的敏捷性可以简单地理解为根据环境变化高效重新部署资源以创造价值的能力。

企业的敏捷能力也是保障数字导向方法论和智能平台顺利落地的重要因素。一方面，企业要能快速适应数字导向智能平台带来的改变，包括业务决策由依赖管理经验向更多依赖数据分析转变，管理视角由单一主体向多元主体协同管理转变等。另一方面，数字导向智能平台提高了企业的整体数字化水平，让企业处于一种快速变化的动态环境中，例如当数字导向智能平台更新指标，要上线一项新的实验时，组织要能及时响应，协调不同的职能部门以获得相关数据，让迭代实验快速上线。

具体来说，构建敏捷能力需要组织在以下方面做出调整：（1）准备敏捷性结构。组织的快速反应能力需要灵活的市场前端与稳定的中台系统协作配合，在敏捷性结构中，小而精的团队能在中台数据支持下，实现对市场需求信息的及时获取与整合。（2）准备敏捷性流程。让数智技术更多地赋能传统业务流程，利用大数据等技术提高业务的分析能力和自动化水平。（3）准备和敏捷性相关的能力。包括快速感知能力、精准决策能力、高效响应能力等。（4）提高敏捷开发水平。包括数字增长实验的快速上线、快速分析反馈等，缩短每个计划的执行周期，让组织不断挖掘增长的新机会。

4. 组织风险准备

引入新的管理框架是一个打破旧的组织惯性，建立新的组织惯性的过程，其中可能会因为组织调整不完备，企业面临阻力和风险，管理者有必要提前做好组织风险准备。

在应用数字导向框架和智能平台的过程中可能会发生的风险包括：

（1）模式适应风险。在实施战略数字化转型，建立数字导向指标体系后，企业的组织结构发生转变，能满足利用数据驱动业务的需求，具有较好的灵活性，但企业刚形成的新模式还不稳定，新模式也许不能及时和企业现有的经营环境匹配，进而产生风险。例如，银行在转型后，基于用户大数据的线上产品推荐对提高整体利润率十分有帮助，但对于不经常使用手机银行的年长高净值人群，线下的一对一理财服务更加有效。

（2）能力适应风险。数字导向框架对企业以及员工的能力都提出了新的要求，如果不能提升和强化在转型中需要的新能力，就难以适应动态变化的环境。例如，数字导向框架需要数据收集、处理能力等。

（3）资源适应风险。主要是指企业旧资源和新资源的冲突风险，例如在建设数字导向智能平台之前，企业要改造旧的信息系统并建设新的信息系统，如果没有从系统框架的角度建设和整合系统，系统之间可能会产生冲突，造成业务和数据混乱。

4.2　数智执行的落地

在前面我们介绍了什么是数字导向、数字导向对企业的价值是什么、如何为企业选择一个合适的数字导向、怎样将数字导向构建成一个指标体系，以及企业在落地数字导向之前要做哪些匹配性的准备活动。现在要在企业中落地和执行数字导向方略，用方法论解决实际问题，用指标体系引领企业经营活动，用增长实验实现企业实际增长，让数字导向的理论价值转化为可量化的指标增长。在落地和执行数字导向方略后，企业将会形成数据驱动决策和增长的模式，实现核心竞争力提升。

由于我们做了充分的准备工作，数字导向方略的落地执行过程主要包括三个部分：一是构建指标点亮工程，完成指标和企业内各部门、各系统间的映射关系；二是建立数字导向智能平台，将各项增长实验和算法模型库等集中在一个平台上；三是上线增长实验，各部门在数智平台上有针对性地开展增长实验。当然，完整的数字导向方略还包括评价部分，即在执行之后，对执行结果进行评价，让企业实现增长闭环，以迭代的方式实现增长飞轮，本书将会在第 5 章对数智评价部分进行介绍。接下来，将具体介绍落地执行过程中的三项主要内容。

4.2.1 构建指标点亮工程

数字导向方略落地执行的第一步是构建指标点亮工程。指标点亮工程是指在建立完整的指标体系后，需要确认每个指标由哪个职能部门负责，并在设计针对各子指标的增长实验时明确这些指标所需的输入数据在企业各子系统中的具体位置及可获取状态。最终，各指标的状态共同形成一个可以直观展示的结构图，这个结构图能够呈现每个指标的实时状态和关联信息，从而实现点亮效果。

点亮工程点亮的对象是指标体系中的指标，点亮的步骤包括：确认子指标和职能部门间的映射关系；确认增长实验所需输入数据和子信息系统间的映射关系。在落地执行过程中构建指标点亮工程的意义有两点：（1）点亮工程能让管理者直观且清晰地看到数字导向方略在企业中可执行的内容和程度。这里需要指出的是，在落地执行阶段，企业的数智基础建设可能没有全部完成，因为从工程实践的角度，按照指标体系的要求完全建好数智基础需要一个较长的周期，企业可以采用分批上线的思路，部分指标点亮后，就可以先在对应的部门落地数字导向方略。（2）点亮工程为数字导向智能平台的建设提供引导。点亮工程会确认增长实验和各部门及各子系统之间的映射关系，这为之后数字导向智能平台的系统框架和结构图设计、底层数据接口处理等方面提供帮助。接下来具体介绍一下构建指标点亮工程的要点以及需要用到的工具和方法。

1. 确认子指标和职能部门间的映射关系

指标点亮工程的本质是对子指标状态的确认和统计，因此，构建点亮工程时首先要确认子指标和职能部门之间的所属关系，实现管理上结构清晰、权责分明。由于数字导向方略是整个企业层级的管理框架，所以会涵盖多个职能部门和数字导向团队。指标体系中每个能力、每个指标的落地、认定需要逐一跟各部门确认。指标体系中每个指标一般只对应一个职能部门，在认领指标之后，部门管理者可以再根据业务活动特点和流程需要等因素，将子指标再分配给多个团队来优化，子指标和数字导向的提升效果始终是考核职能部门的关键因素。

确认子指标的业务属主，让数字导向的执行和管理更加清晰，也更加高效。映射关系确认后，指标优化效果反馈、部门绩效考核、资源申报和项目立项等管理问题也能找到依据，并得到确认和落实。

2. 确认增长实验数据和子信息系统间的映射关系

数据的共享和获取是数字导向方略落地的关键，也是在数智执行准备中的重要内容。在确认子指标的业务属主后，对应的职能部门还要对增长实验的数据需求和数据来源进行分析。由于增长实验一般有多种数据需求，尤其是在寻找因果关系的回归类实验中，还需要额外添加多个控制变量，而这些变量可能分布在企业的不同信息系统中，所以职能部门管理者就要确认输入数据的来源和可获取状态，完成增长实验数据和子信息系统间的映射。尽管企业在执行准备部分做了数据共享建设，但职能部门还是要先确认所需数据的系统来源，一方面是因为数据共享仓库也需要知道数据的系统来源，从而调取数据接口；另一方面是因为企业在落地执行时，可能采取分批上线的思路，部分子信息系统还没有建设完成，因此需要确认所有数据需求的可获取状态。

确认增长实验数据和子信息系统间的映射关系本质上是为了完成职能部门的取数和存数操作。这部分需要职能部门、技术部门和数字导向团队共同参与，职能部门可能更关心数据的可获取状态，而技术部门和数字导向团队则要站在信息系统架构设计的角度，将重点放在数据的采集、共享和复用上，从而形成合理的数据管理框架，能够兼顾未来的数据可扩展需求。

3. 用到的工具和方法

在确认各指标状态的过程中，可以建立一个数字导向指标体系的可视化树状图，图上是拆分出来的所有指标，每确认一个指标的状态，就在图上将该指标点亮。管理者可以根据树状图上的指标点亮情况，清晰地掌握企业基础信息系统的建设情况以及数字导向方略在企业中的落地覆盖程度。

在树状图中点开一个指标后，管理者可以看到该指标的详细状态信息，包括该指标对应的职能部门，该指标及相关实验数据的定义、计算方式和系统映射关系等。这是指标点亮工程在用户层面的呈现结果。在开发者层面，所有的指标状态信息及数据需求汇总成一张明细表格，后续经过数据分析，形成对系统框架设计和子信息系统建设的指引。指标状态的明细表格如图 4-5 所示。表格中有各子指标、各子指标所属的上级指标及能力路径、指标定义及计算、增长实验所需各种输入数据与系统间映射关系、子指标与职能部门间映射关系、数据可获取状态等相关字段，从而显示数字导向的能力识别、指标拆分、系统评估、属主确认、系统施工计划及点亮状态等信息。

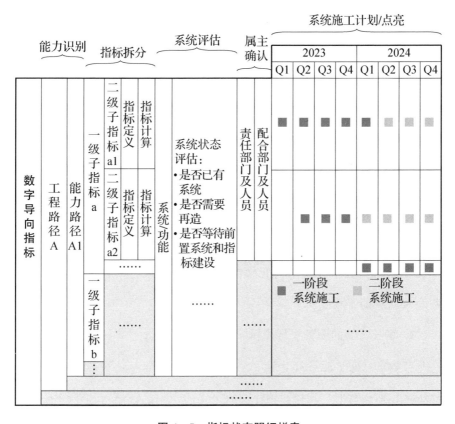

图 4-5 指标状态明细样表

子指标及增长实验输入数据的定义及结构由职能部门确定，技术部门负责完成增长实验数据和子信息系统的映射和数据状态确认。其中，确认数据状态是一个重要且复杂的工作，涉及企业所有现行和待建的信息系统以及所有的增长实验数据。在确认数据状态时，技术部门首先要摸排企业数智基础的建设情况；其次根据数据和信息系统的映射关系对信息系统的数据能力进行诊断，在共享数据库和子信息系统之间设计数据调用接口；最后根据数智基础建设进度，标注数据的可获取状态，包括当前可用、未来一期/二期可用等。

4.2.2 建立数字导向智能平台

如前文所述，数字导向智能平台是一个涵盖企业全链条经营活动的线上智能实验系统，是落地和执行数字导向方略的重要组成部分。平台最重要的功能是快速设计和上线增长实验，通过数据共享、方法库支持和系统内业务集成等方式，让企业的增长活动同时具备点效率和面效率。接下来，本书将从平台上增长实验的业务执行逻辑、全流程技术支持及数字导向平台架构图这三个方面详细介绍如何建立一个数字导向智能平台。

1. 增长实验的业务执行逻辑

在数字导向智能平台上执行一项增长实验的基本业务逻辑如图4-6所示，包括执行前，先确定企业的数字导向及指标体系，并按照业务场景对所有的子指标进行分类和归纳；在执行中，围绕子指标设计和上线增长实验，记录下实验数据；在执行后，通过嵌入平台的数智评价系统，对实验结果进行评价，找出效果显著且经济可行的策略集合交给专家评审。在使用更优秀的方案替代企业现行策略后，进行下一轮的策略设计和线上实验，以迭代的方式持续开展增长实验和业务创新。

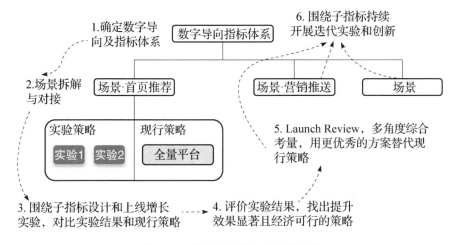

图 4-6　增长实验的业务执行逻辑

上述业务执行逻辑对应的操作都可以在数智平台上完成，其中职能部门最经常操作的是实验的执行部分。平台上运行的增长实验一般是面向用户的 A/B 测试，职能部门会根据业务特点设计出新的方案或新的算法模型，然后遵循 A/B 测试的原则控制环境变量。接着，职能部门将用户随机分成实验组和对照组，并将新策略和现行策略同时上线到企业的客户端，在真实的经营场景中收集实验数据。这些实验数据会存储在数据库中，并在该阶段的实验结束后，提供给数智评价系统进行评价和监控。总的来说，在增长实验的执行阶段，平台上的执行架构如图 4-7 所示。

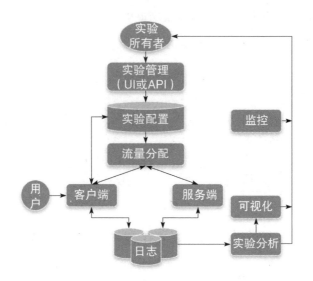

图 4-7 增长实验执行架构图

2. 增长实验的全流程技术支持

根据之前的数智准备工作，数字导向智能平台建立在数智基础之上，并集成了广泛的数智能力。在系统关联层面，数智平台接入企业的中台系统，能够获得数据中台和技术中台的支持，打通和业务中台的关联；在能力融合层面，能够获得 AI 算法模型、策略资源库和 GPT 等大语言模型的支持。下面我们使用在数字导向智能平台上的一项增长实验流程，说明都获得了哪些技术支持。

图 4-8 以数字营销场景下的增长实验为例，从技术的视角展示了增长实验的详细流程以及在数智平台上获得的技术支持和数据流向。图中最顶层用户来自职能部门，该用户登录数字导向智能平台后，根据子指标对应的场景设计本部门负责的增长实验，如果该实验是策略组合类型的，就调整策略的参数值，设计多组不同的策略，然后在同一时间将

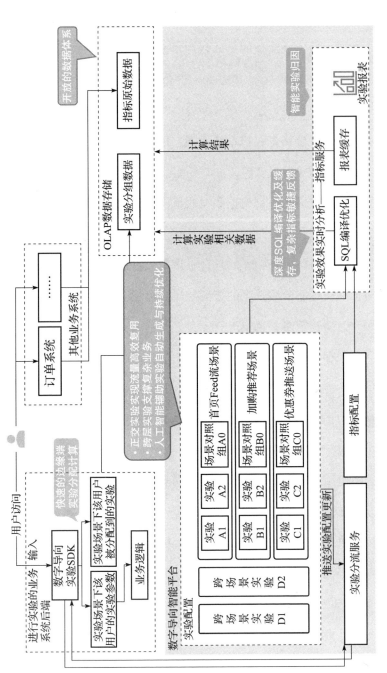

图 4 - 8 实验流程与技术支持

多组策略和企业的标杆策略一起上线进行用户实验，这种思路称为正交试验。正交实验可以实现流量的高效复用，而自由组合跨层实验则能支撑复杂业务。如果实验是模型算法类，还会在实验上线后使用强化学习、优化算法等人工智能方法实现实验自动生成与持续优化。在制订好增长策略后，用户就要接入客户系统后端，用实验桶分配算法快速抽取用户流量并将用户随机分成实验组和对照组。

在增长实验上线后，我们根据数据的流向继续分析增长实验的技术支持。首先，每次增长实验对子指标和顶层数字导向的优化效果都会使用深度 SQL 进行编译，并存储在企业的共享数据库中。其次，使用正交实验同时上线多组实验后产生的分流结果数据也会一并存储在共享数据库中，用于对实验策略备选集进行评价。最后，企业现行标杆策略产生的结果会单独存储为一组，用于对比分析。这里需要指出，如果优化实验不是单点实验而是流程实验，每个部分实验产生的结果可能并不是能够直接观测的子指标，这样就要借助开放共享的数据体系，通过子数据库间的灵活对接，降低接入成本。

在增长实验结束后，所有的数据会流向数智评价系统，此时可以使用假设检验、数据包络分析（DEA）、归因分析等一系列评价技术，评价各项策略的效果、成本和可行性，发掘实验表现差异的驱动因素，最后形成一张可视化的实验报表向实验管理者报告实验结果。

3. 数字导向平台架构图

站在开发者的角度，在开发数字导向智能平台时会按照功能将整个平台划分为不同的模块，形成一张如图 4-9 所示的整体架构图，自上而下

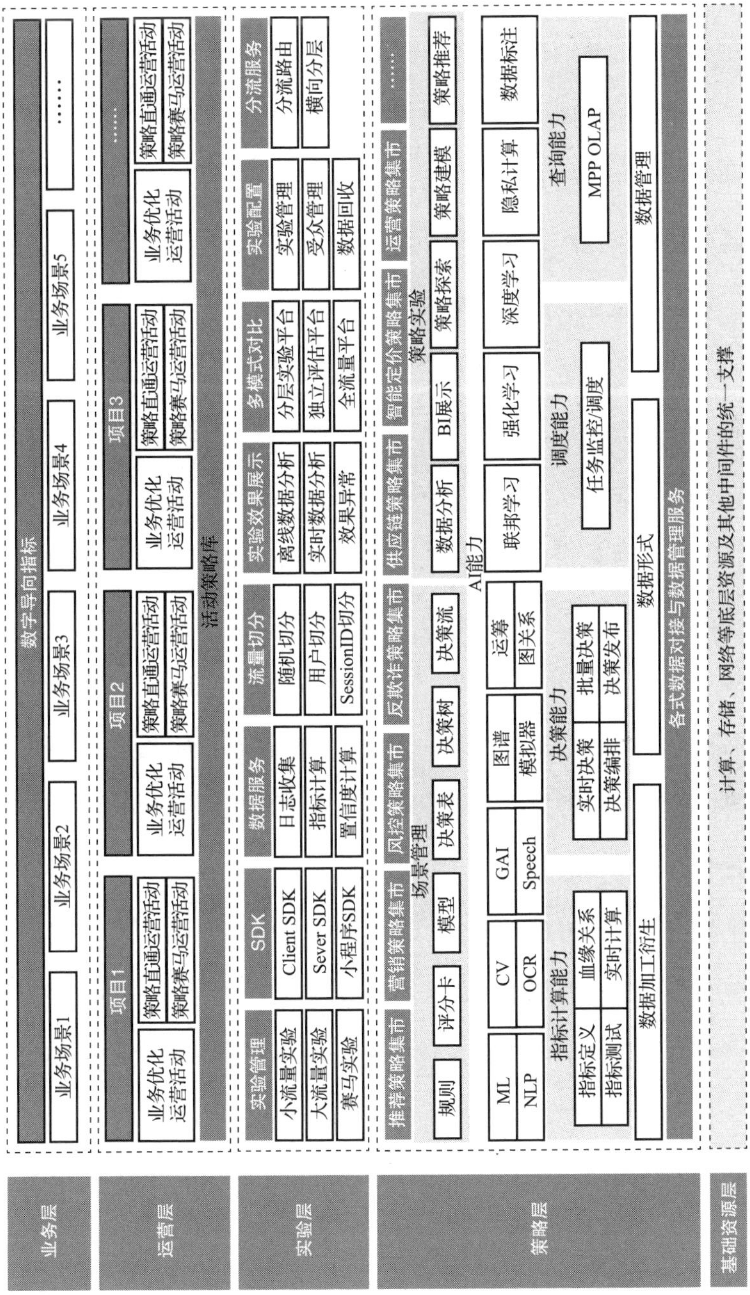

图 4 - 9　数字导向平台架构图

包括业务层、运营层、实验层、策略层和基础资源层，涉及数字导向的不同功能模块。下面我们详细地看一下每一层都有哪些内容。

首先，在平台架构图中最顶层的是业务层，涉及与数字导向指标开发与构建相关的模块，数字导向业务层是平台的中央指挥系统，集成了指标体系拆解图、指标跟踪和可视化的数字看板、业务发展看板等宏观控制功能，可以让企业的高层管理者从整体上了解企业数字导向方略的进展情况。其中，集成所有增长实验状态的数据驾驶舱，可以辅助高管和各级管理者围绕数字导向指标体系与策略实验的实际结果数据进行下一步决策。此外，业务发展看板能够基于数字导向指标展示业务发展变化，清晰反映各个业务线、业务渠道对子指标和顶层数字导向的贡献和目标完成情况；同时，实验效果的可追溯看板能够显示职能部门围绕数字导向指标体系的场景策略实验，实验的频次和指标提升效果一目了然，促使科技与业务围绕指标体系共同发力；最后，智能经营操作栏通过对数字导向的分析和拆解，形成驱动数字导向优化的各类核心业务场景，智能推荐经营增长策略。

平台架构图的第二层是运营层，是数字导向的运营中心，主要通过业务场景优化提升数字导向的管理和运营效率。数字导向的运营层提供多种功能，通过项目或子项目运营对数字导向实现持续优化，从而实现运营增长。首先，这一层会覆盖所有增长实验类型，针对长期优化策略提供策略实验运营活动，针对短期优化策略提供策略赛马和策略直通运营活动。其次，运营层功能模块能够进行项目管理，追溯项目成果，将场景下的每个增长实验当作项目进行管理，实现增长实验对数字导向提升效果的可分析、可度量、可追溯。此外，运营层模块还能够实现项目进度可视化，提供一个关于项目的看板，帮助管理层快速跟踪各个项目进度。为了进行策略沉淀，平台上嵌入了活动策略库，一方面可以向策略库中积累优质业务活动策略；另一方面可以直接使用策略库中的最佳范例，解决策略冷启动。最后，为了使用策略智能推荐服务，平台上还接入了先进的数智能力，可以根据当前业务状况，依托 AI 算法和策略，自动推荐业务策略，辅助业务决策。

平台架构图的第三层是实验层。实验层的功能模块是实验的增长引擎，为增长实验提供数据处理和实验管理支持，使用并行的实验框架支撑业务场景策略快速实验和快速迭代。模块内的功能包括审批中心，在这里管理者对业务团队上线的增长策略和资源申请进行审批，对增长实验效果进行通报管理。此外，实验管理中心提供了一个平台，业务团队可以在这里填写实验信息，申请用户流量进行大、小流量实验和赛马实验。同时，实验资源管理功能允许管理者进行分群逻辑管理和实验策略管理。实验增长引擎具有突出的优势，能够将实验的价值进行量化，并且支持分层框架高并发，可以同时上线和管理多个增长实验，即便在同一个场景下，也能将用户群进行分流，进行并行且独立的增长策略实验。此外，实验增长引擎模块还提供便捷的一站式管理，提供高效的参数化服务。

平台架构图的第四层是策略层，为数字导向提供策略引擎。策略层功能模块对数字导向下的子场景进行细致的优化，能够将迭代周期的级别缩短到每天、每小时甚至每分钟。在策略引擎上提供一些和实验增长策略相关的功能。首先，是人机协同功能，嵌入先进的数智能力，将专家策略和人工智能结合，提供覆盖从宏观到微观的策略组合能力，从而为业务提供领先决策能力。其次，是策略自动生成功能，该功能接入企业级的 GPT 模型，通过 AI 与 BI 结合以及模拟环境，能够自动生成和推荐效果最优的策略，并随着业务的变化持续自动优化。此外，迭代式闭环策略也是其中的重要功能，接入数智评价系统后，形成策略建设、策略配置、策略运行、策略监控、策略优化的全生命周期闭环管理。最后是决策能力全覆盖功能，将不同业务场景所需的决策能力归纳为通用能力，包括 ML（Machine Learning，机器学习）、规则、评分卡、召回、运筹优化等，面向不同业务场景提供底层能力快速组合能力。

最后，平台架构图的基础资源层提供计算、存储、网络等底层资源及其他中间件，为数字导向智能平台提供基础资源的统一支撑。

4.2.3　上线增长实验

智能平台是企业落地数字导向方略的重要内容，也是执行增长实验的主要场所。平台上有不同类型的用户，主要的使用者包含三种类型的角色。一是实验人员，他们是各职能部门的一线员工，对着各自匹配的子指标，负责设计增长策略，并利用数字导向智能平台，在真实的业务场景中进行实验测试，验证策略执行效果。二是一线经理，他们一般负责一项业务或带领一个团队，在数字导向智能平台上审批团队的实验策略，分配业务流量和实验所需资源。三是企业的数字导向团队，他们在数字导向智能平台上对实验增长策略以及整个数字导向指标体系进行评价，审核是否要用新的策略替代企业现行策略，并对风险进行管理。

在本小节，我们选择从平台用户的视角出发，结合一个在线零售商的例子，尽可能清晰地介绍如何使用数字导向智能平台上线增长实验。增长实验的整体执行逻辑如上文介绍，企业的数字导向团队负责提出数字导向和指标体系，将子指标与具体的业务场景和职能部门相对应，实验人员负责根据子指标设计增长策略，在智能平台上执行增长实验。

具体来说，这家在线零售商已经确定将一段时间内的每用户平均收入（ARPU）作为数字导向，并拆解和构建了数字导向指标体系，在指标体系的交互深度维度下有一个场景是提交订单时的购物推荐。负责此场景的业务团队就要尽可能地提高客户在提交订单时加购的金额以及推荐商品被"顺手带走"的概率。此时，该业务团队推测出有多个因素可能会产生影响，例如推荐产品和已加购产品是相似还是互补、推荐产品的展示个数、推荐产品的折扣力度等。接下来，该业务团队要根据识别出的影响因素设计不同的增长策略，在数字导向智能平台上执行策略，记录实验结果后，迭代更新。下面我们以平台用户的视角，介绍使用数字导向智能平台上线增长实验以及最终应用新策略的过程。

（1）实验人员打开数字导向智能平台的用户登录页面，选择实验人员的身份进行登录。登录后，实验人员会获得实验人员的权限，在平台的主界面上看到不同的功能模块，包括数据看板以及数字导向实验中心。看板上是往期的增长实验数据，而实验中心是用于上线和管理实验的模块。

（2）在进入实验中心后，实验人员点击"创建实验"，在"创建实验"的界面（如图4-10所示），可以填写实验名称、实验简介（描述策略基本内容），选择场景、选择实验室、选择实验分流类型。在完成创建实验后，等待一线经理审批。

图4-10 创建实验界面

（3）一线经理登录数字导向智能平台后，在消息通知中会收到实验审批申请，查看实验申请的内容后，根据其业务经验决定是否通过实验申请，并将申请的反馈发送给实验人员。

（4）审批通过后，实验人员会再次进入实验中心模块进行后续的实验配置。具体的操作包括：①分配实验流量，获取真实的实验场景，通常是5%的实验流量，并根据企业具体情况适当调整；②制定实验策略，如果选择调整推荐产品的种类，就可以设计一个基于关联规则的推荐算法，在提交订单时推荐最有可能和订单内容共同出现的产品，当然实验人员也可以直接采取调用第三方工具开发的策略，如图4-11所示的平台嵌入的 AI 模型策略库，选择已经建好的模型和编排好的策略。实验配置完成后，与过程（3）类似，需要再次提交给一线经理审批。

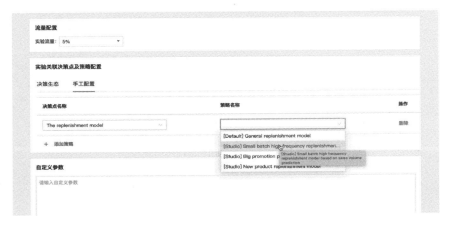

图 4-11 使用 AI 模型策略库

（5）上线增长实验，在首页看板处可实时地观察和分析结果，在收集多组实验数据后，实验人员将增长实验的结果交给数字导向团队进行评价，申请将较好的实验策略在整个企业范围内应用。

（6）数字导向团队会对增长实验的结果进行审查，从策略有效性、成本经济性、执行稳定性以及和其他业务的协同效应等多个方面进行系统评价。关于数智评价的具体内容，本书将在下一章进行介绍。

第 5 章

评价迭代

在数字导向方略落地执行后，管理者需要对执行结果及时进行评价迭代，让企业在评价和反馈中成为自适应的迭代型组织，灵活应对市场变化、客户需求和内部反馈，持续优化和改进其运营和策略，获得核心竞争力的增长飞轮。在评价过程中，管理者应借助数字导向可量化、可拆分和结果导向的优势，从数据入手，对经营活动策略、指标体系和组织进行评价。在完成评价之后，企业将会形成自适应的增长能力，具体表现为经营活动策略会在收到指标反馈后进行迭代调整，朝着提升指标的方向优化；数字导向指标体系也会在评价数据的驱动下形成指标权重，对企业的资源分配进行优化；在进行多轮评价迭代后，企业会获得稳定的能力提升，成为创新型组织和敏捷型组织。

在这一章中，我们将会围绕数字导向的评价迭代部分讨论以下方面的重要问题：评价迭代的目标有哪几个层级？如何对每个层级的目标进行评价？评价迭代对数字导向方法论和企业本身有什么重要意义？企业如何在评价中实现能力提升和成长？

5.1 评价迭代目标

在开始进行评价迭代前，我们首先得明确评价的目标是什么，即在这一阶段我们要评价什么。如果对评价的目标不清楚，就没办法进行接下来的评价迭代活动。因此，在这一小节中，我们将会尽可能清晰地阐明评价的目标，为读者能充分理解评价方法和评价意义作铺垫。

在进行评价迭代时，管理者的评价目标如图 5-1 所示，包括经营活动策略、数字导向指标系以及组织本身。这是一个自下而上、自内而外的目标划分方式。前两个评价目标是数字导向方略的内在要求，即执行增长实验后，管理者首先根据底层指标提升程度，对经营活动策略进行评价；其次根据底层指标对数字导向的提升程度，对各能力路径和子指标赋予权重，调整资源分配。第三个评价目标是在数字导向方略之外，评价数字导向对组织的影响和组织对数字导向的适配程度，体现数字导向方略和组织间的关系。

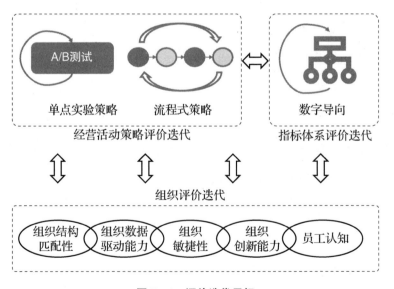

图 5-1　评价迭代目标

5.1.1　对经营活动策略进行评价

评价迭代的第一个目标是企业的经营活动策略。根据之前章节的介绍，我们可以明确数字导向是连接企业战略和经营活动的纽带，而数字导向指标体系是各职能部门经营活动的实际抓手。在数字导向方略已经落地、企业各职能部门围绕数字导向指标体系开展增长实验的情况下，管理者首先要对各职能部门的优化策略进行评价，评价当前优化策略的提升效果、每项策略对各类资源的消耗程度、实施成本是否符合预期等方面，以确保企业始终以小步快跑的方式快速向前。

值得注意的是，尽管在数字导向指标体系的构建过程中，我们按照能力路径或产品逻辑的方法，拆解出能作为职能部门业务抓手的底层指标，但是抓手不意味着只有一个实验场景，能够提升指标的因素可能有多个，或者是一个前后连接的活动流程。因此，对经营活动策略的评价分为对单点实验策略的评价和对流程式策略的评价。

1. 评价单点实验策略

单点实验是只研究一个因素对指标提升效果的实验，首先，需要找到一个可能会影响指标结果的因素，这个因素不需要前置和后置的流程衔接，这样可以简化实验设计和实施过程，同时也隔离了其他变量的影响；其次，针对这个因素设计一个优化策略，最后将优化策略和企业原有的策略同时上线到实验场景中，在原有策略仍然运行的基础上，测试新策略的有效性，保证将风险控制在最小范围。通过这样的实验方法，企业可以更精准地了解哪些因素真正有助于改善这个指标而不受其他因素的干扰。在数字导向方略中，单点实验是最基础的增长实验，也是最常见的一种实验形式。例如，在线下零售店的案例中，调整门店的选品种类、货架的排列布局等都是一个个单点实验。再如，在连锁快餐店的案例中，调整线上 App 的首页界面布局，或者在首页滚动广告推荐、瀑布流广告推荐、点餐结算优惠推荐等经典推荐场景中应用新的推荐算法，也是一个典型的单点实验。

对单点实验策略的评价是指根据增长实验对指标的提升程度，从实践结果的角度评价优化策略的有效性，以及根据增长实验的实施成本和难度，从资源消耗的角度评价优化策略的可行性。如果优化策略能显著提升指标，并且没有带来太多的额外成本，那么该优化策略应予以保留，否则应被淘汰。在评价完成后，业务部门根据评价的结果确定下一步的优化方向，迅速开展下一轮的单点迭代实验。

在实际的评价操作中，业务部门的团队应该根据单点实验的类型，适当地调整评价的内容。这是因为不同类型的实验在设计时的逻辑不同，需要评价的实验策略类型不同，评价后需要改进的迭代方向也不同。总的来说，按照制定方式的不同，实验策略可以大致划分为两大类。一类是基于专家知识和规则制定的策略，这种策略依赖于专家的经验和专业知识，由经验丰富的人员制定规则和决策。由于是人为制定的规则，往往更容易理解和解释，实施起来也比较直接。同时，在规则制定和调整方面具有较大的灵活性，可以根据市场变化和实际需求迅速做出调整。但是这种策略的效果受限于专家的知识和经验，可能难以应对复杂多变的市场环境。另一类是基于数据驱动的模型和算法类策略。这种策略依靠大量数据，通过数据分析和机器学习算法来制定和优化。由于基于数据分析和模型训练，决策过程更加客观，减少了人为主观偏见。随着数据的不断积累和模型的持续训练，策略可以自动优化，提高决策的准确性和有效性，能够处理复杂、多维度的数据关系，识别出隐藏的模式和趋势，适用于复杂的市场环境，但是需要强大的数据基础设施和技术支持，初期投入较大，且需要团队成员具备数据分析和机器学习方面的专业知识。

对于基于规则的实验策略进行评价，每一次评价就是一次迭代。这些实验策略可能有来自管理理论或专家经验的支持，例如理论上表明温暖的灯光可能会使人放松，减轻心理压力，那么线下零售店的管理者就可以将零食区的灯光颜色作为实验策略，但这些基于理论的优化策略需要进行实验来验证。还有一些实验策略没有理论的指引，仅仅是规则的组合，例如线下门店的选品策略。无论怎样，基于规则的实验策略都需要不断进行评价，在评价中总结新的经验，以迭代的方式找到最优的实验策略。在评价过程中，职能部门首先要确定评价的周期，因为只有收集到足量的实验结果，才能使用统计方法评价实验策略是否显著地提升指标。在每一次评价之后，无论指标是否有提升，都要将实验策略和数据保存，以便在多轮迭代实验之后，总结出新的专家经验和规则。

对模型和算法类的实验策略进行评价时，我们一般是评价模型或算法在真实经营环境中的应用效果。尽管每一个模型或机器学习算法在设计时，都经过了数学公式推导或历史数据集的模拟验证，但将模型或算法在企业中应用之前，我们要通过线上实验的方式，评价该实验策略的真实效果。对于模型和算法类的实验策略，不仅要评价策略对指标的提升程度，还要重点评价模型和算法的稳健性、计算成本和响应速度。这是因为好的策略不仅要能提高指标，还要足够稳定、及时和经济，机器学习类算法特别容易出现准确度高但计算时间长、模型稳健性差、难以大规模应用的情况。模型和算法的准确度很容易理解，稳健性是指算法面对噪声、异常值或其他干扰因素时的表现能力，响应速度是指模型每次给出输出结果的时间，对于商品推荐、库存补货等一些业务场景来说，策略的响应速度十分重要。

2. 评价流程式策略

流程式策略是指业务部门在对底层指标进行优化时，以底层指标作为最终输出，设计一套前后紧密相连的业务活动流程，再对每一项业务活动进行优化。通过一整套连贯的业务活动，流程式策略能够全面考虑各个环节之间的相互影响，从而实现整体优化，而不是单纯依赖某一个点的改进。这种系统性优化有助于发现和解决潜在的瓶颈和问题。其突出特点是提升底层指标的策略是由一组前后紧密连接的业务活动组成的，而不是一个单点实验策略或多个可独立分析的单点实验策略。这样能够避免企业陷入局部优化的陷阱，即在某个具体环节上取得了改进，但可能整体效果没有显著提升。流程式策略通过整体流程的设计和优化，能够确保每个环节的改进都对整体指标有积极影响。因此，在流程式策略中，流程设计本身也成了策略的一部分，即流程的好坏会直接影响指标的提升效果。

举一个简单的例子，在供应链管理中，职能部门优化的指标是库存成本，需要设计一个补货策略，在适当的时间订购适当数量的货物，既能满足市场需求，又不会出现囤货过多、库存积压的问题。但是每次订购的数量受到市场对该产品的需求量以及采购过程时间的影响，因此职能部门需要将需求预测和采购优化作为补货策略的前置活动，这样就构成了一个简单的"需求预测—采购优化—自动补货"流程式策略。与此形成对比的另一个例子是，在客户关系管理中，职能部门优化的指标是客户满意度，影响客户满意度的因素包括商品促销活动、售后服务等，但这些因素不构成一个流程，而是多个可独立分析的单点实验。

在对流程式策略进行评价时，既包括对流程中每项活动策略的评价，又包括对流程设计本身的评价。因此，评价流程式策略要考虑几个关键方面：（1）优化指标的提升度。即从结果出发，评价流程是否有效实现其预定目标和预期结果。（2）时间和成本。即评价流程的效率水平，包括流程所需的时间、资源和成本是否合理，对各类资源的消耗程度以及是否存在冗余和浪费等。（3）适应性和灵活性。包括流程能否适应变化的需求和环境，能否灵活应对不确定性和变动，以及是否具有可扩展性和可调整性。（4）透明度和可追溯性。包括流程能否被清晰地理解和沟通，能否提供必要的文档和记录以支持查看和追溯，以及能否顺着流程找到影响指标提升效果的瓶颈。（5）利益相关者。流程式策略可能会横跨多个团队，对利益相关者的评价包括多个活动主体是否对流程的执行和结果感到满意，以及是否满足他们的期望和需求。

根据评价的结果，流程式策略的迭代方向有两个：一是找到现有流程中的瓶颈，对瓶颈部分投入更多的资源，进行重点优化。二是对现有流程进行调整和重构。针对流程中存在的冗余或可以并行处理的环节，进行重新设计和全面改造，通过优化顺序、简化步骤等方式实现指标的大幅提升。在对流程进行重构时，职能部门还可以考虑引入新的技术或算法，例如，在前文提到的供应链管理例子中，要实现优化库存成本的目的，职能部门需要对商品的需求量、订购送达时间、自动补货策略进行优化，这三项活动组成一个前后连接的业务流程。实际上，需求量的预测准确性会影响自动补货策略的效果，最开始的预测误差可能会经过流程被层层放大，因此职能部门可以考虑引入一个新的端到端模型，跳过需求预测，直接根据基本的输入变量，做出自动补货决策。

5.1.2 对指标体系进行评价

评价迭代的第二个目标是我们已经构建完成并投入使用的数字导向指标体系。根据前文的介绍，我们了解到数字导向指标体系是在识别数字导向之后，根据能力路径或产品逻辑构建而来的，用于指引和约束企业的经营活动，而指标体系中上下级指标之间的相关性和完备性，对于数字导向方略能否成功，以及能否使企业的核心竞争力实现快速提升至关重要。

和传统的战略分解方法相比，数字导向指标体系的优势体现在：用定量的、可计算的方法替代了定性的、经验式的方法。这种优势一方面来自数字导向指标体系的构建过程使用了数学公式叠加逻辑推导的方法；另一方面来自在应用过程中提供了评价迭代和反馈的路径，可以通过数据驱动的方法实现对指标体系的结构合理性判断和修正。我们在评价迭代阶段利用的正是数字导向指标体系所具有的数据驱动优势。

在实际应用场景下，当数字导向指标体系在企业中落地之后，高层管理者需要明确地知道现行指标体系是否足够合理，指标体系引领的经营活动在多大程度上改善了顶层的数字导向，以及企业要如何向各职能部门分配资源或进行绩效考核。为了回答这些问题，每隔一定的时间就要对数字导向指标体系进行评价。

对数字导向指标体系的评价主要包括两个方面的内容：一是评价现行指标体系拆解和构建的合理性；二是评价各子指标和数字导向之间的权重关系。

指标体系拆解是否合理是管理者关心的首要问题。只有在指标体系拆解和构建足够合理的情况下，企业的经营活动才能围绕数字导向形成自动迭代、优化的增长飞轮；如果指标体系中出现了一些和数字导向无关的指标，则会让职能部门陷入无价值的活动中，导致企业资源浪费，因此，企业要定期对指标体系进行评价，讨论哪些细分指标应该被替换。尽管在第 3 章中讨论过和指标体系校验相关的内容，但拆解和构建过程中的指标体系校验和落地执行后的评价反馈有很多不同之处。两者的区别主要体现在以下方面：（1）发生的时间不同。对指标的校验发生在指标体系落地之前，属于事前分析，而评价迭代发生在指标体系落地之后，属于事后分析。发生时间点的不同会导致事后分析比事前分析拥有更多的真实数据。（2）采用的方法不同。事前分析缺少真实数据，因此只能依靠理论公式推导或经验等方法分析指标拆解的合理性。指标体系在企业内运行一段时间后，就可以使用数据驱动的方式，用数据验证各项子指标的优化是否带来数字导向的有效提升。（3）覆盖的范围不同。分析方法的不同也决定了各自的优劣势以及应用边界，基于理论和经验的逻辑推导可以对上下级指标间的相关性和完备性进行分析，但当构建的指标体系十分复杂时，就难以准确地判断同级指标之间相互影响的关系。基于数据驱动的方法则能够拥有更加广阔的视角，可以用数据分析任意两个同级指标间的协同关系，也可以用数据直接验证上下级指标间的相关程度，但是基于数据的评价往往没有办法直接回答指标拆解的完备性，即无法判断在当前路径下遗漏了哪些重要的子指标。因此，对指标体系的评价迭代过程更多地扮演"检验"的角色，理论和经验告诉管理者指标体系应该怎样构建，而数据和评价则告诉管理者这样构建指标体系是否合理，以及哪些子指标需要更换，二者形成了一个能自我迭代的闭环。

各子指标和数字导向之间的权重关系是管理者关心的另一个重要方面。这里需要指出的是，在指标体系的拆解和构建过程中，管理者可以根据企业的竞争战略和管理经验确定应该聚焦的业务范围，但同级指标之间并没有设定明确的相对权重。然而，在企业实际的经营和管理中，当企业为各项经营活动批准预算或分配资源时，又需要一个标准作为参考和依据，这就导致企业的实际需求和数字指标体系之间出现了一个缺口。但这不是数字导向方略的弊端或漏洞，而是因为在指标体系的构建阶段，管理者在缺乏数据支撑的情况下无法准确地知道各项细分指标对数字导向的影响程度，只能根据经验和企业的实际情况估计各项经营活动的重要性。对各项子指标权重系数的评价正是为了填补指标体系的这个缺口，在收集大量的优化活动数据后，就可以用数据建模的方式准确地知道子指标对数字导向的影响程度，并以此作为子指标的权重系数，这是一个短时间内的稳定关系，同时也代表不同指标的相对重要性。此外，在完成对权重系数的评价后，还可以根据每项优化策略对不同资源的消耗程度，在企业内建立起资源分配优化模型，求解出整个企业的最优资源分配策略。

5.1.3 对组织进行评价

数字导向方略不仅是一个技术和战略管理的问题，而且是一个组织管理的问题。这是因为，一方面，适配的组织结构是执行数字导向方略的前置条件；另一方面，企业管理者推进数字导向方略的目的也包括提高组织能力，期待企业能成为一个敏捷灵活、自我迭代、具有成长空间的组织。

在数字导向方略执行之前，我们在组织方面做了充分的准备，包括调整组织结构、进行必要的组织风险管理等，但组织和数字导向方略的适配程度需要经过实践检验。此外，数字导向方略在企业落地之后，组织的能力、人员的认知也会因为受到影响而产生变化，管理者需要根据这些反馈，了解组织的变化情况和适配程度，并以此为依据制定下一阶段的组织调整方案。

因此，在评价迭代阶段，在完成对策略和指标体系的评价之后，管理者还要对组织本身进行评价。在调研和访谈之后，结合管理者对匹配组织的期待、内容或特征的表述，本书从组织结构匹配、组织能力和员工认知的角度，总结在数字导向方略落地后，评价组织的五个关键方面。

1. 评价组织结构匹配性

在执行数字导向方略时，采用的是先拆分、后匹配的思路，即先按照战略和数字的逻辑将数字导向拆分成若干能直接引领经营活动的子指标，再将子指标匹配给各个职能部门，组织结构也需要相应调整。针对调整后的组织结构的适配性，管理者应重点关注组织结构能否支持增长实验的需求，职责和权限是否清晰，层级和决策是否合理高效等方面。

2. 评价组织的数据驱动能力

数字导向方略的落地过程也是战略数字化的实现过程，这要求组织的信息技术应用水平和数据驱动能力都要有所提升。针对组织的数据驱动能力，管理者在评价时应重点关注职能部门能否有效地对数据进行收集和整合；是否按照数据驱动的方法对业务进行洞察和决策，而不是像过去按照经验和规则制定优化策略；组织内部横向的交流协作是否因为数据共享而变得更加顺畅。

3. 评价组织的敏捷能力

在落地数字导向之后，我们期待组织成长为敏捷型组织，能通过迭代的经营策略快速适应市场环境变化。针对组织的敏捷性，管理者在评价时应重点关注组织增长实验的迭代速度，业务团队的感知和执行能力，中后台的响应和支持能力，业务流程的敏捷性，以及管理层的精准决策能力。

4. 评价组织的创新能力

组织的创新能力也会因为数字导向方略的落地而得到提升。这一方面是因为快速的迭代实验增大了迭代创新的可能性；另一方面是因为组织结构的调整提高了部门间的协作水平和资源分配能力，从而增大了业务创新和产品创新的可能性。针对组织的创新能力，管理者在评价时应站在组织的角度，关注一些和组织相关的影响因素，例如组织内信息传递的灵活性，横向业务的跨界合作能力，生态式的研发模式，以及组织的资源分配能力等。

5. 评价员工认知情况

在组织准备阶段，企业的高层管理者已经建立起对战略数字化和数字导向方略的价值认同，但在数字导向方略落地后，管理者并不清楚员工对数字导向的认知如何？如果没有达到统一目标、凝聚共识的预期效果，甚至出现无所适从甚至抵触的情绪，就要进一步分析数字导向在落地过程中出现了什么问题。针对员工的认知情况，管理者应重点关注员工对数字导向的理解程度、应用能力、思维方式、工作效率以及评价反馈等。

5.2　评价迭代方法

在数字导向方略框架下，评价的主要目标包括经营活动策略、数字导向指标体系以及组织本身，每一个评价目标又包含多个方面需要管理者进行评价。虽然都是评价，但这些评价的目的不同，所收集到的数据也不同。例如，对经营活动策略进行评价时，管理者希望能从当前所有策略中判断哪些策略应该保留并在下一阶段向全公司推广，所收集到的数据主要来自实验平台上的定量数据，而对组织进行评价时，管理者则期望获得一个定性的结果，以判断当前的组织结构是否与数字导向方略匹配，收集到的数据一般也是和组织相关的定性数据。因此，在进行评价迭代时，管理者应当了解并掌握多种评价方法，在评价不同目标时灵活选取。此外，企业的高层管理者还需要具备从全局视角评价公司数字导向整体运行状况的能力。

在接下来的内容中，将具体介绍进行评价时用到的定量评价方法和定性评价方法，以及为获得全局评价能力而建立的数智评价系统。需要说明的是，这些评价方法无论是定性的还是定量的，都是经典分析方法，在其他一些专著和教材中都有详细介绍。对这些方法的介绍并不是本书的核心，因此本节力求简洁介绍这些方法的核心思想以及在战略数字化过程中如何使用，对于这些方法的详细介绍，读者如果感兴趣，可以参阅其他专著和教材。

5.2.1 定量评价方法

简单来说，定量评价方法是一种通过定量数据（例如数值数据）和统计分析技术（例如数学模型和统计工具）对某个特定对象或现象进行评估和量化的方法。使用定量评价方法时，管理者会明确定义研究的目标和问题，并找到适当的数据收集工具和方法，通过对数据的统计分析，可以得出结论、检验假设或解释现象。在数字导向方略落地后，有许多评价场景都会用到定量评价，例如对策略的评价、对指标体系合理性和权重的评价等。为了让管理者能在实践中正确且灵活地使用这些评价方法，本书将会从方法的基本概念、适用情景和输入输出数据等方面，从"是什么""为什么""怎么用"的角度，简洁清晰地介绍每一种定量评价方法。

1. 假设检验

假设检验是一种常用的定量评价方法，其基本思想是通过分析样本的数据特征，判断关于总体的假设是否可以接受。假设检验通常包括两个假设：原假设和备择假设。简单来说，原假设是我们要进行检验的假设，它通常表示没有效果、没有关联或没有差异，而备择假设的概念则相反。例如，在 A/B 测试中，原假设是实验组的优化策略对数字导向子指标没有显著提高，而备择假设是子指标获得了显著提升。在提出假设后，研究人员收集关于样本的数据，使用统计学的方法对数据进行分析，在排除偶然性的影响之后，得出假设是否成立的结论。

假设检验是一种非常符合直觉的定量评价方法，这种直觉性体现在当我们想要说明优化策略能产生更好的结果时，就要收集实验结果数据，比较两组数据的特征是否有不同，如均值、方差等；在发现实验组和对照组结果不同后，进一步检验这种差异不是由随机性造成的，从而让结论更加可信。

假设检验解决了如何评价优化策略效果的关键问题。结合前文介绍，我们了解到子指标提升效果是评价优化策略的重要方面，也是数字导向指标体系引领企业经营活动的关键指标。为了提升对应的子指标，各职能部门设计了不同的优化策略，包括开发新的算法模型、提出新的业务流程、改变现有活动内容等。但在优化策略大规模应用之前，针对策略的有效性，职能部门需要证明两件事情：一是新的策略能在子指标上取得良好的效果；二是这种效果的提升是足够可信的。假设检验恰好能从定量评价的角度证明这两件事情。

假设检验的使用方法通常包括以下几个步骤：（1）提出假设，包括原假设和备择假设；（2）选择显著性水平，保证在多大概率下假设是可以接受的；（3）收集数据并计算统计量；（4）分析并得出结论。其中，收集数据的环节最为关键。在评价迭代过程中，本书将根据数据来源的不同，选择 A/B 测试评价和历史数据集测试评价作为典型场景，说明如何利用假设检验对策略有效性进行评价。

A/B 测试是职能部门为了验证策略有效性，在数字导向智能平台上开展的线上实验，这里以检验 App 页面布局对客单价影响的实验为例。首先，在优化策略设计完成后，职能部门要先提出假设，即原假设为执行优化策略不能比执行现有策略提高客单价，备择假设为可以提高客单价。其次，选择一个能保证结论可信度的显著性水平，一般选择 0.05 即可。之后，在数字导向智能平台上开展线上实验并收集数据，这里有两点需要注意：一是选择的被试用户要被随机分到执行优化策略组和执行现有策略组，保证实验结果不是由用户异质性引起的；二是线上实验要同时进行多组实验，用充足的样本量保证实验结果不是由随机性引起的。最后，职能部门对 A/B 测试结果进行分析评价，评价的内容包括统计显著性和经济显著性，简单来说，就是新的优化策略有没有让客单价真的提高，以及如果提高了，和之前相比提高的幅度有多大。

机器学习算法模型作为一种优化策略，既可以选择进行线上实验，又可以选择使用历史数据集进行有效性检验。线上实验的思路和 A/B 测试类似，这里以推荐算法在历史数据集上的检验为例。首先，职能部门需要以子指标为优化目标并提出一种新的算法。其次，将历史数据划分为训练集和测试集，并使用训练集获得算法的各项参数。之后，将测试集分成若干等份，在每份测试集上同时进行新算法和标杆算法的实验。最后，根据选定的置信度对结果进行分析，评价的内容同样包括统计显著性和经济显著性。和 A/B 测试评价相比，基于历史数据集测试评价实验周期短，在短时间内可以对多个机器学习算法进行评价并选出最有效的那个，缺点在于如果历史数据不能很好地代表真实的用户行为，那么机器学习算法在上线后的效果可能会和在历史数据集上的效果存在差异。

2. DEA 方法

尽管子指标提升效果是评价优化策略的重要方面，但每一项策略的效率也是管理者需要关注的因素。为了解决效率评价的问题，管理者需要使用一些能够评价效率的定量评价方法。

数据包络分析（DEA）由美国著名运筹学家查恩斯、库珀和罗兹于 1978 年首先提出的，是一种非参数的效率评价方法，用于评估决策单元的相对效率。在 DEA 方法中，每个被评估对象称作一个决策单元，而决策单元的效率被看作产出和投入的比值。DEA 方法的核心思想是选取每个决策单元的投入和产出数据，利用线性规划，构建一个有效前沿来衡量各个决策单元的效率。其中，有效的决策单元会位于前沿面上，效率值标定为 1，无效的决策单元则会位于前沿面外，效率值标为一个 0～1 之间的数。

在数字导向方略中，为了提升某一个子指标，职能部门可能会迭代出许多个优化策略，这些优化策略可能都会对子指标有不同程度的提升，但所消耗的每种资源的数量有所不同。此时，管理者就可以用定量评价方法对每种策略的效率进行评价，并且将效率值作为是否选取该策略的考量因素之一。

DEA 方法使用起来很简单，管理者只需在数字导向智能平台上记录每次优化实验的数据，再将每个策略的资源消耗量和对应的子指标数值输入 DEA 求解器中，就可以获得每个优化策略的相对有效值。

3. 回归分析

回归分析是一种常用的定量评价方法，主要用于研究变量之间的关系。回归分析通过建立一个数学模型来描述自变量和因变量之间的关系，其中，自变量一般是用来解释现象的变量，而因变量一般是我们希望理解或预测的变量。对变量使用回归分析可以回答以下几个问题：（1）自变量和因变量之间是否存在关系？（2）这种关系是正向的还是负向的？（3）自变量对因变量的影响程度如何？（4）目前选取的自变量能在多大程度上解释因变量？

回归分析可以解决评价指标体系合理性和评价权重系数的问题。在数字导向方略中，顶层的数字导向会按照企业战略、核心竞争力、能力路径等管理要求拆分成若干子指标。按照逻辑推理，提升这些子指标应该最终能提升数字导向，但这种逻辑关系以及子指标对数字导向的影响程度需要数据验证，也就是管理者需要用定量评价方法验证数字导向指标体系的构建合理性以及识别各子指标之间的权重关系。这里就可以用到回归分析的评价方法，将子指标看作自变量，将数字导向看作因变量，建立起子指标和数字导向之间的回归方程。如果子指标和数字导向是正向显著关系，就应该保留该子指标，如果关系不显著或呈负相关关系，就应该考虑从指标体系中删除该子指标。在回归方程中，自变量前面有显著性系数，表示自变量对因变量的影响程度，可以看作子指标对数字导向的贡献程度，进而作为各子指标的权重系数。回归分析还可以加入自变量的二次项，研究自变量和因变量之间是否存在 U 形关系，例如，在连锁快餐店的例子中，有可能出现过多发放优惠券反而会降低用户生命周期价值的现象。此外，回归分析中还提供一个 R^2 指标，用于衡量当前所有自变量对因变量的解释程度，在数字导向方略下，如果在评价指标体系合理性的回归方程中 R^2 值过小，则要考虑指标的完备性可能存在问题，即是否找全了影响数字导向的关键子指标。

在这里需要指出，在回归分析中也用到了假设检验，例如，每个子指标系数的显著性和大小都是基于假设检验的结果得出的。但假设检验只是回归分析的一部分，而且作为评价方法来说，回归分析和假设检验的应用场景不同，回归分析的侧重点是指标之间的定量关系，主要用于评价数字导向指标体系的合理性和子指标间的权重关系，假设检验的侧重点是验证两个总体的特征假设，主要用于评价优化策略的效果。

此外，建立起整个数字导向指标体系回归分析对企业的数字化能力有较高的要求。要求企业能在特定时刻记录下指标体系中所有指标的数值，如果仅靠人工统计，是难以做到收集到如此多的同步数据，并且费时费力，因此需要数字导向智能平台中加入一个新的数智评价系统，这将在 5.2.3 节介绍。

4. 因子分析法

无论是评价优化策略还是数字导向指标体系，管理者都可以在数字导向智能平台上获取到定义清晰且取值客观的输入输出数据。在评价组织本身时，却往往无法直接获取影响组织的指标值，例如在评价组织结构匹配性时，我们知道要从组织对增长实验的支持度、职责权限清晰度、层级决策高效性等方面进行评价，但每一个影响因素的数值不能直接获取，又是一个需要综合评价的指标。为了解决给影响因素取值的问题，可以采用问卷调查结合因子分析的方法。

因子分析法是一种统计分析方法，能够将多个观测变量归纳为更少的潜在因子。因子分析可以帮助简化复杂的数据集，并揭示隐藏在观测变量背后的共同特征。在进行因子分析之前，管理者首先要设计一份关于组织结构匹配性的问卷，问卷包含的一级维度是之前识别的关键影响因素，每个维度之下再设置多个问题，让被调查者从 1～5 分进行打分。管理者再使用因子分析法，将问卷中数十道具体问题简化为几个主要的因子，用这些因子表示影响组织结构匹配性的关键因素，并且有了明确数值。然后，管理者请专家根据其经验和专业知识，对提炼出的因子进行评估，赋予每个因子相应的权重。这一步是为了反映各因子对组织结构匹配性的重要程度。最终使用提炼出的因子及其权重，对收集到的数据进行综合计算，得出每个维度的评分，就能得到对组织结构匹配性的定量评价。

5.2.2 定性评价方法

尽管我们将企业的很多问题进行了量化表示，但企业管理工作仍有很大一部分是对于人的管理，而人的态度、偏好、认知等不容易也不能被直接量化为数值。即使能够量化，对于这些数值的解读也只有在具体情景中才能被合理化解读。因此，管理者要在评价迭代中既采用定量评价方法，又采用定性评价方法，尤其是对组织进行评价时可以通过归纳推理、访谈、参与式观察、过程追踪以及案例分析等定性研究方法解释其意义和合理性。这里将简要介绍评价迭代会用到的两种经典定性评价方法。

1. 案例研究

案例研究是一种常用的定性评价方法，它通过对具体的案例进行详尽的描述、观察、记录和分析，揭示其中的因果关系、背后的机制和相关的影响因素。这种评价方法的优势体现在多个方面，包括可解释性较强，能通过对个案的研究揭示问题或现象的复杂性和内在机制；注重情景化因素，案例来自真实的企业管理场景，使得管理者能从实践中获得有价值的见解；对数据样本量要求不高，可以只根据一家企业开展单案例研究。

在数字导向方略落地后，有许多新的问题需要研究和评价，如数字导向方略和组织数据驱动能力、组织敏捷能力以及组织创新能力之间的关系等。面对这些问题，管理者不仅要对结果进行评价，还要解释原因，弄清机理，但这些问题常常是一些新的问题，既没有现成的理论，又没有范例可循，在这种情况下，就特别适合使用案例研究的方法进行评价。

使用案例研究时，管理者应遵循以下步骤：（1）确定研究问题，即希望从案例中了解或验证的内容，例如数字导向方略如何推动企业敏捷能力提升，或企业敏捷能力受哪些因素影响？（2）选择案例样本，即实施数字导向方略后的组织。（3）收集数据，案例研究也要收集数据，但这些数据一般是访谈记录、企业公告等。（4）数据分析，将收集到的数据进行整理和归类，一般采用编码的方式。首先从数据中找到一些表示主题的关键词，并将这些关键词作为一阶编码；其次管理者根据自己的理解，总结出一些能解释一阶编码的主题词，形成二阶编码；最后将这些二阶编码抽象成概念和理论。（5）得出结论，根据提取的编码之间的逻辑关系，对现象进行解释和概括。例如，找出数字导向推动企业提高敏捷能力的路径，或找到评价企业敏捷能力的关键因素。

2. 访谈和观察

在获取一些关于组织的情况时，例如评价员工对数字导向的认知程度，管理者还可以使用访谈和观察的方法。其中，访谈是指通过与个人或群体进行面对面的对话来获取他们的观点、经验和意见。管理者可以通过访谈获取员工对数字导向的理解程度、数字导向落地后的企业凝聚力变化、对进行数据驱动的增长实验的熟练度等。在进行访谈时一般要先明确访谈的目的，并对访谈进行设计，制定一份访谈提纲，包括访谈的主题和问题的结构。还应注意访谈的问题要能够引导受访者提供有用的信息，但要尽量避免采用预设的概念，将自己的观点强加到访谈问题中。

观察是指通过直接观察和记录行为、事件和情境来获取信息。管理者可以通过观察来评价员工的工作行为、增长实验的执行情况和组织决策执行效率等。观察可以保证管理者获取关于企业的一手资料。为了避免观察可能造成的偶然性评价，管理者在每次观察之前都要明确观察目的，制订观察计划，在观察中尽可能客观、准确地记录观察到的情况，还要对目标进行重复观察和归纳。

和定量评价方法相比，尽管访谈和观察不能得出一个具有准确数值的评价结果，但特别适合用来发现组织中存在的一些现象和问题，这些现象和问题也会成为评价组织现状的关键内容，帮助企业及时发现问题，调整策略。

5.2.3　建立数智评价系统

在企业管理中，当面临有多个评价场景以及多种评价方法时，形成评价体系并建立起一个数智评价系统往往是一个可靠高效的选择。具体原因包括：（1）将所有的评价活动集中在系统内，便于使用和管理。这既体现了"点"效率，又体现了"面"效率。（2）数智评价活动需要广泛且实时的数据支持。对优化策略的评价需要获取每一次的实验记录；对数字导向指标体系的评价更是需要获取每个优化策略的实施结果，以及固定时刻整个指标体系的状态数据。（3）企业存在指标监控和评价可视化的需求。管理者要能时刻监控每一项增长实验的执行情况，并从全局的角度获取数值评价结果。（4）及时发现问题并改进。将所有的评价集中在系统内，管理者就可以通过收集和分析评价数据，及时发现指标增长滞后、资源分配不合理、组织不匹配等方面的问题，并采取相应的措施进行改进和优化，然后进入下一轮迭代。

拟搭建的数智评价系统是一个涵盖所有数字导向评价目标的全面评价系统。系统的使用者包括职能部门的管理者、数字导向团队成员以及企业的高层管理者。针对不同的使用者，数智评价系统通过授权的方式划定可以使用的评价范围，例如，给客户管理部门授权客户留存率增长实验的评价权限，给数字导向团队授权指标体系显著性和权重的评价权限等。

数智评价系统的功能主要包括两个：一是执行各种数智评价活动，并输出评价结果。例如，在执行对增长实验的评价后，输出增长策略对子指标的提升效果、资源消耗等内容。二是对数字导向指标体系中各级指标进行实时监控，以数字看板的形式展示整个指标体系的运行情况，包括在某个时刻各级子指标对提升顶层数字导向的贡献程度，以及在一个时间段内，经过多次增长实验迭代后，顶层数字导向和各级子指标的提升程度。数字看板采用数据可视化的形式，时刻监控重要指标的变化情况，这可以帮助管理者从全局的视角评价指标增长情况和实验迭代效果，在发现某些指标的增长出现问题后，向下钻取，及时进行归因分析并调整增长策略。

建立数智评价系统还需要数据支持和评价方法支持。在数据方面，数智评价系统会用到每次增长实验的输入和输出数据、在同一个时刻所有指标的数值数据、问卷调查数据等。结合本书第 4 章数智执行部分的内容，数智评价系统要和数字导向智能平台及企业数据库产生联系，数智评价系统在设计上可以成为数字导向智能平台的一部分，或作为一个外部调用的模块，共享实验和指标数据。在评价方法方面，数智评价系统会用到前文提到的所有评价方法，对此，建立一个集成的、可以重复调用的评价方法管理库是一个高效、可行的方案。数智评价系统的简单架构图如图 5-2 所示。

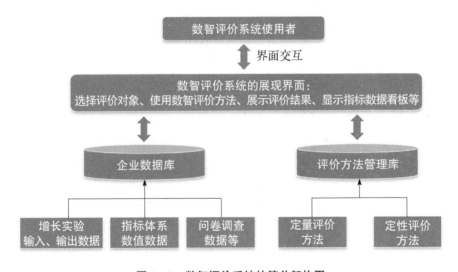

图 5-2　数智评价系统的简单架构图

以工程落地为例，数智评价系统的开发要历经五大系统开发流程：
（1）系统需求阶段。在系统需求阶段，公司的各个业务负责人需要明确指标评价的路径，确定输入、输出数据和评价方法，形成评价系统需求文档。（2）系统设计阶段。在系统设计阶段，科技研发人员在科技负责人的带领下，设计评价场景，输出交互文档。在确定可研发的技术方案后逐一确认开发功能的完善性。（3）系统研发阶段。在系统研发阶段，科技部门的研发工程师按评价功能的重要性进行研发排期与研发启动，同时对研发项目进行严格的项目进度、瓶颈、资源管理。在每个子模块完成后，研发人员都需要将子模块所属项目代码打包上传至测试环境，并告知测试工程师进行使用测试与代码测试。（4）系统测试阶段。测试工程师在测试环境收到研发人员的测试代码包与代码功能文档后，根据测试标准执行测试。测试中出现的任何使用上有关的问题与代码问题都需要及时反馈给业务人员与科技人员。业务人员与 UI（user interface，用户界面）工程师验收后还要从用户的角度出发进行二次测试。整个环节持续至最后一个子模块被测试完毕。（5）系统上线阶段。代码核查无误后，测试工程师将在和业务人员约定的时间内上线功能，即发布 1.0版本的评价系统。在系统发布后，测试工程师将出具使用说明书提供给业务人员与数据分析人员使用。上线后有任何评价系统功能的更新，需要重新历经评价系统开发流程，并更新更高等级的评价系统版本。

5.3 评价迭代意义

评价迭代是数字导向方略的重要一环，直至完成评价，企业的增长策略、数字指标体系才能进入下一轮迭代，形成增长的闭环。企业就像在海上航行的一艘大船，在数字导向的引领下朝着目标港口前进，因为有了数字导向指标体系，企业的各部门才能专注于眼前的工作，共同推进企业快速前进。尽管企业的目标和分工明确，已经形成凝聚力和向心力，但无论是数字导向指标体系，还是各部门的增长策略都需要一个评价系统给予实时反馈，在确认增长效果后，及时调整和更新，进入下一轮增长，让企业在自适应的增长闭环中不断积累核心竞争力，这就是评价迭代对于企业增长的价值。除了指标的增长，不断迭代循环的增长实验和评价活动也会重塑组织的结构和能力，赋予组织资源整合、模式创新和动态敏捷能力。因此，本书将会从增长和组织的角度，具体介绍评价迭代的意义。

5.3.1 自主迭代，形成增长闭环

在数字导向方略下，评价既是对当前活动的总结，又是下一阶段增长的开始。每当管理者完成一项评价活动后，就会进入下一个周期，重新调整方案，开展活动，收集结果数据，这样就形成了一个不断迭代前进的闭环。在数字导向方略下，增长闭环体现为一个自适应的机制，不太需要人为干预，企业的经营活动甚至数字导向指标体系都会在企业战略和数字导向的指引下朝着核心竞争力最大化的路径不断迭代。如果我们聚焦于数字导向方略中的增长部分，就会发现在完成评价迭代后，会形成两个不同层次的增长闭环，一个是增长策略的迭代与闭环，另一个是数字指标体系的迭代与闭环。

1. 策略迭代，形成增长闭环

数字导向方略的核心优势之一正是在企业内建立起围绕数字导向的

迭代式增长飞轮。所有的职能部门根据从数字导向拆解出来的指标抓手，开展各自的增长实验，而评价迭代连接本轮实验和下一轮实验，是企业形成增长飞轮的关键。

站在职能部门的角度，评价迭代一方面可以根据实验结果筛选增长策略；另一方面可以积累增长经验，为制定下一轮增长策略提供指引。按照增长实验类型进行分析，如果职能部门上线的是机器学习算法类的策略，策略模型的结构和参数已经在设计阶段确定，那么在执行和测试阶段，就会同时上线多个算法，既包括企业的当前算法，又包括部门新提出的算法，然后根据真实的用户反馈数据进行评价，筛选出效果最好的算法。当然，任何机器学习算法都存在继续提升的空间，当企业上线稳定的算法后，就应该进入下一轮迭代，开发新的算法模型。如果职能部门上线的是管理方案类策略，例如门店选品、促销推广等，策略的参数和具体内容就需要通过迭代的方式，上线多次 A/B 测试后才能找到较优解。在迭代寻优的过程中，评价迭代系统不仅会根据历史和当前结果对策略进行评价，而且会给出有关下一次迭代方向的洞察。

站在整个企业的角度，评价迭代可以让企业形成小步快跑的增长模式。高度数智化的实验系统和评价系统能大大缩短每次实验流程的周期，让企业的各部门都进入"实验—评价—再实验"的迭代状态。相比于传统的以年度为跨度的战略分解、执行和反馈方法，小步快跑的模式有诸多优点。首先，小步快跑模式适应当前数字时代的特点，让企业能在快速变化的内外部环境中，及时作出反应，抓住市场中的机会；其次，小步快跑模式体现了"干中学"的思想，在面临一个新领域和不确定性时，企业能通过不断上线实验、不断试错的方式积累业务经验，从而获得较快的增长，这种迭代式的增长和迭代式的创新模式已经普遍被业界接受；再次，增长量变可能引起质变，让企业核心竞争力获得飞跃提升；最后，迭代式增长能提供实时反馈，让企业及时发现问题，避免投入大量时间和资源后才发现重大决策失误。

2. 指标迭代，提高增长效率

评价迭代的另一个价值是实现指标体系迭代，提高资源分配效率和企业增长效率。如前文所述，企业的经营活动能够在数字导向框架和评价迭代的引领下，不断迭代，形成增长闭环，很重要的一点在于指标体系的构建要足够合理，要确保自动增长飞轮的方向正确，即子指标的提升要切实地反映在顶层数字导向的提升上。因此，对指标体系进行评价迭代，实现指标和权重的迭代也很重要。

子指标是职能部门的业务抓手，而部门本身具有针对目标不断自我强化的倾向，因此如果子指标本身设置不合理，不能服务于企业整体战略的话，职能部门的增长迭代活动就会造成企业资源的浪费。采用计算思维，基于企业全部增长实验数据，就可以通过评价迭代的方法给出指标有效性和完备性的评价结果，对各级子指标进行一次迭代，用新的指标替换掉不显著的指标，提高企业整体的增长效率。此外，对指标体系的评价还可以获得指标的权重系数，帮助管理者识别出哪些是具有杠杆效应的关键增长活动，管理者还可以根据各子指标对数字导向的贡献度分配资源、批准预算等，用一个结果清晰、计算过程透明的评价结果消除部门间的潜在摩擦，解决资源分配的难题。当企业的经营活动再次聚焦后，关键增长性的业务会因为得到更多的资源支持而拉动数字导向增长。

5.3.2 组织调整，赋能创新

在企业完成评价迭代，形成增长飞轮的同时，组织本身也在进行着动态演化。在数字导向方略实施前，组织会进行调整以匹配新的管理框架，而在数字导向方略实施后，组织会在继续调整的同时，形成新的能力和组织模式。如果站在组织的角度分析评价迭代的意义，我们会发现在完成对策略的多轮评价后，组织会逐渐形成迭代创新的能力，在完成对指标体系的多轮评价后，组织会形成数据驱动资源配置和业务创新的能力，而在完成对组织本身的多轮评价后，组织会快速调整结构，形成敏捷能力，成长为敏捷型组织。总的来说，评价迭代在组织层面的意义主要体现在以下两点。

1. 提升创新能力，形成创新型组织

在企业管理中，创新有许多种不同的类型，例如技术创新、营销创新、产品创新、业务创新等，这些创新大抵可以划分为两种：一种是在原有基础上的迭代式创新；一种是从无到有的突破式创新。数字导向的执行和评价会让企业同时具备这两种创新能力。例如，增长实验可以形成迭代式的产品创新和流程创新，调整后的企业资源可能会促成突破式的业务创新，形成企业利润的第二增长曲线。

下面我们来具体分析，为什么数字导向的执行和评价能提升企业的创新能力，让企业成为创新型组织。实际上，数智执行和评价迭代有多

条影响企业创新能力的路径。第一，创新来自大量的业务实践和不断试错。企业的所有职能部门都在不断地进行迭代实验，这种"干中学"的迭代模式结合实时的评价反馈创造了大量的创新机会，此外，企业的职能部门也在评价和迭代中充满活力，这种活跃的氛围对创新也十分重要。第二，部门间的横向合作和信息共享增加了创新的机会。经济学家熊彼特认为，创新就是把原有生产要素用新的方式组合起来。在数字导向管理和评价框架下，职能部门会进行充分的信息共享并更加关注其他部门的活动，这就增加了组合创新的机会。第三，灵活的层级管理和评价体系让整个组织充满活力。在实施数字导向方略前的准备阶段，组织就朝着扁平化的方向演进，同时以指标为核心的评价迭代体系也有利于决策更加科学与灵活。第四，数字导向执行和评价对失败保持宽容，让组织充满创新氛围。每一次的评价迭代不是活动的结束，而是下一轮活动的开始，快速的迭代活动也会让组织更加坦然地接受失败，然后快速调整进入新的循环。第五，评价迭代能有效地配置企业资源，增加业务创新机会。在对指标体系进行评价后，企业就能灵活地配置资源，并且围绕数字导向和战略构建新的指标，倾斜的资源和新的业务抓手就有可能使企业诞生成功的创新业务。

2. 提高敏捷能力，形成敏捷型组织

评价迭代不仅能让企业的数字导向、竞争地位等这些外显的部分形成增长飞轮，也会让企业的能力、组织形态等内在部分变得更加健康和健壮，当面对快速变化的环境和态势时能快速调整，这体现出组织面对风险和变化的韧性。

在数字导向指标体系和评价迭代的指引下，数据驱动能力的提升是企业形成敏捷能力和成为敏捷型组织的最底层逻辑。在数字导向方略落地后，指标和对指标的评价会嵌入到企业活动的方方面面，让企业建立起数据思维和数据驱动能力。数据驱动能力提供了基于客观数据和分析结果的决策支持，使组织能够更准确地理解增长的态势，以便更好地调整企业战略、资源配置和业务模式，从而增强组织的敏捷性。

组织的敏捷性被认为是一种快速响应环境变化的核心能力，它强调组织的灵活性、适应性和创新能力，组织能快速调整结构、资源、流程和经营活动策略。评价迭代有多条影响组织敏捷性的路径。第一，评价迭代能够克服组织惯性。组织中天然存在惯性依赖，即便在面临外界环境发生变化时也不愿调整，而评价迭代会使用定量和定性的评价方法，对组织结构、能力和效率等方面作出评价，为组织变革提供动力和支持。第二，评价迭代能够提高企业运营敏捷性，企业的运营敏捷性包括资源配置敏捷性和业务调整敏捷性。每隔固定的时间，企业都会对数字指标体系进行一次评价，这些数据驱动的结果反映了业务活动对顶层战略的重要程度，管理者就可以根据评价结果及时地做出资源配置和业务设置调整。第三，评价迭代能提高对客户需求感知的敏捷性。对经营活动的评价一方面反映了当前优化策略的效果；另一方面提供了对客户需求的洞察，这种对客户需求和市场态势的感知能力，能够帮助企业提前洞察挑战并主动调整。基于上述分析，我们会发现评价迭代能提高企业的敏捷能力，让企业成长为敏捷型组织。

第 6 章

数字方略

我们在第 1 章计算增长部分向大家介绍了数字技术的发展情况和企业的数字化需求，强调了计算思维在数字时代对企业管理的重要意义，并在此基础上讨论了为什么今天的企业数字化要从数字化战略转向战略数字化方向。相比于考虑如何获得数字要素，战略数字化更关心如何在竞争力要素上取得优势以及实施相应的行动。当我们将企业看作在波涛汹涌的市场汪洋大海中航行的大船时，战略数字化的核心追求是借助数字技术引领企业驶向目标。企业的目标是由企业的战略所确定的，我们需要的是指引企业发展方向的导航系统。大海航行千变万化，目标明确和随机应变缺一不可。对身处激烈竞争中的企业而言，战略要有稳定性，但行动要有灵活性。因此，这一导航系统既要能够指引战略目标、体现核心竞争力，又要能够指导企业快速行动，实现小步快跑、迭代前进。

提供这样的导航系统，即实现战略数字化的数字方略是本书的核心。我们将计算思维融入企业管理之中，并在第 2 章至第 5 章分别介绍了实现战略数字化的四个重要环节以及指导行动，即数字导向、计算分解、数智执行、评价迭代。下面我们进一步将这四个在企业战略引领下的数字化实现步骤提炼为一套可执行、可借鉴的方法论，并将这条企业增长的数字化之路命名为 ROUTE。本章我们对这一方法论做一个整体性总结。

6.1　ROUTE 数字方略

ROUTE 数字方略由战略数字化的五个要点组成：企业增长（rise）、数字导向（orientation）、计算分解（unlock）、数智执行（test）、评价迭代（evaluation），分别由 R、O、U、T、E 五个字母表示。其中，企业增长是战略数字化的核心目标，也是 ROUTE 数字方略的总领，数字导向、计算分解、数智执行、评价迭代四个环节紧紧围绕企业增长这一核心，环环相扣、螺旋前进。

6.1.1　R：企业增长

R 代表的是企业的战略目标和愿景。我们在进行战略数字化时首先需要明确企业独特的战略目标和愿景。不论是大企业还是中小企业，都面临着企业增长的重要挑战，大企业增速放缓，需要寻求第二曲线以获得新的增长；中小企业面临不增长就退场的困境，急需找到快速增长的路径。因此，企业增长是企业战略目标的核心，也是整个战略数字化体系的总体引领。如图 6-1 所示，"R"是"数字导向—计算分解—数智执行—评价迭代"四垒闭环的核心，战略数字化的实现过程要一直牢牢把握企业战略的指导思想，经营活动的展开也要紧紧围绕企业增长这一核心目标。

企业在应用 ROUTE 数字方略开展战略数字化改造时，首先要明确

图 6 - 1 ROUTE 模型

企业的战略目标是什么,并从中提炼企业增长的核心目标。例如,某银行的战略目标为"以客户为中心,打造一流财富管理银行",对于这一战略目标我们可以提炼出"客户财富管理"这一核心目标。"客户财富管理"既是企业的关键经营活动,又是企业核心竞争力的体现,同时,企业增长也是围绕这一经营活动实现的。一个企业的战略如果只有目标和口号不能称为一个好的战略,还要有为了实现它的行动。ROUTE 数字方略围绕战略目标实施后续行动以实现战略数字化。

6.1.2 O:数字导向

O 代指数字导向。企业增长离不开核心竞争优势,因此,ROUTE

数字方略要着重武装企业的核心竞争力。数字导向是对企业核心竞争力的数字表达，体现企业的经营导向，是连接企业战略与经营活动的关键环节，也是实现战略数字化的行动起点。

我们在第2章介绍了数字导向的概念和准则，以及如何找到好的数字导向。这一环节的输入是企业增长的战略目标，输出是具体化的数字导向。例如，在"以客户为中心，打造一流财富管理银行"的战略目标指引下，"客户财富管理"的关键指标可以提炼为"财富管理规模"，企业增长的目标也就具体化为财富管理规模的增长。"资产管理规模"（AUM）是一个数字形式的可量化、可拆分、可执行和可反馈的企业数字导向，这一数字导向的确定为战略数字化的实施确立了行动方向。从数字导向开始，企业的战略数字化由战略思想走向数字化实现。数字导向说明企业在什么样的赛道中竞争，也是企业核心竞争优势的体现。数字导向用数字化的形式指示企业的行动方向，这为后续的行动打下了基础。

6.1.3 U：计算分解

驶向既定目标还应明确行进路线，但从一开始就规划出一条完善的前进路线几乎是不可能的。在企业管理过程中，企业管理者的每一步决策都有众多的可选方案，决策过程和所产生的结果都极为复杂。企业管理不仅涉及管理者决策，还涉及职能部门的决策与行动，各部门要对众多人、财、物进行协调。企业管理的复杂性和不确定性让我们思考，与其费尽心力寻找一条直达终点的确切路线，不如让每一位成员明确自己的行动目标。组织成员既是业务的具体执行者，又是具有能动性和智慧的个体，与其规定他们要做什么事，不如告诉他们要实现什么目标。因此，在我们确定了企业的数字导向后，还需要明确为了到达目的地，每一名成员应该达成怎样的目标。

我们在第 3 章介绍了如何对数字导向进行计算分解从而形成用于指导具体行动的数字指标体系。例如，我们在数字导向环节为银行提炼了"资产管理规模"（AUM）的数字导向，接下来就可以对这一数字导向进行分解和计算。以战略为核心指导，战略中"以客户为中心"不是一句口号，而是要体现在企业经营的具体活动中，这也意味着我们进行计算分解时，要从客户角度而非产品角度入手。因此，我们对于 AUM 这一数字导向的拆解就可以首先构建"客均 AUM"和"客户数量"两个指标，它们之间的关系可以简单地理解为"资产管理规模＝客均 AUM×客户数量"。对于资产管理规模的提升要重视两个方面：一是提升客均资产管理规模；二是增加客户数量。进一步，根据企业服务于客户的具体产品、渠道和服务形式拆解和构建下一级指标，并最终将指标体系落实到各级部门、业务单元甚至是具体的项目小组。这样我们就得到了数字导向指标体系。

数字导向指标体系的构建对于管理层和执行者都有重要意义，对管理层而言，数字导向指标体系就像拥有仪表盘和指示灯的驾驶舱，管理者能够据此实时掌握各个层级的运行状态；对于执行者而言，数字导向指标体系可以清晰地提示当前的工作进展和工作目标，使工作有的放矢。知易行难，企业管理者需要根据企业的具体情况对企业战略目标和数字导向进行层层计算分解，从而构建适合自己的数字导向指标体系。数字导向指标体系也不是一成不变的，随着执行过程的迭代和反馈，数字导向指标体系也要随之更新。计算分解的过程就像一个一步步打开黑箱、明确细节的过程，因此我们用 U（unlock）来代表这一环节。

6.1.4 T：数智执行

构建完数字导向指标体系后，如何行动成为实现战略数字化的重中之重。前文也提到，完美的规划往往不可得，如何快速行动和迭代更新更值得思考，我们借助数智技术赋予企业自我更新迭代的智慧。在数字导向和数字导向指标体系的基础上，数智执行环节的关键动作是测试实验（test），其实验迭代思想来源于原生数字化的数字逻辑。网页、软件等产品开发和优化时会采用 A/B 测试的方式测试不同的方案，对比优化效果从而确定更优的上线版本。这种方式能够在具体的行动目标基础上快速地响应市场需求，获得实际更优的决策，实现小步快跑。因此，在 ROUTE 数字方略中，我们用 T 代表数智执行。

数字导向指标体系的落地是使企业能够小步快跑的保障。战略数字化的执行阶段要完成的核心任务是实现数字导向指标体系的落地，进而完成对组织的数字化改造。实现数字导向指标体系的落地有两个要求：一要落到系统中；二要落到组织里。因此，数智执行需要做好数智系统和组织体系两方面的准备。数字导向在实际计算分解时可能会产生成百上千个数字指标，数字导向指标体系会产生大量的参数，并且对于组织、业务及员工行为的刻画会产生大量的数据，人工计算能力远远不够，更不用说要快速迭代，因此，首先，数智执行阶段要搭建企业数智系统为实验迭代提供技术保证。

数智系统搭建前要充分了解企业的数字基础，明确系统搭建的具体需求。数智系统搭建时要实现两个映射：一是数字导向指标体系到数智系统的映射；二是业务及经营活动到数智系统的映射。第一个映射使得数智系统能够充分体现企业战略发展方向，避免形成割裂的、局部的数字化。第二个映射使得数智系统实实在在服务于企业各层级需求，避免形成空洞的、华而不实的数字化。另外，得益于数字技术的可得性和灵活性，数智系统除了包含满足业务需求的基本模块，还可以内嵌大数据分析、人工智能、商务智能、舆情监控等技术模块，大大提高系统的数智能力。

其次，数智执行阶段需要实现组织与数字导向指标体系及数智系统的协同，要求组织也成为实验迭代型的组织。战略数字化是一项系统工程，也是战略目标的实现过程，必然需要企业上下齐心协力。虽然战略数字化的前景广阔，但组织往往存在一定的惰性或路径依赖，很多员工也难免抗拒改变。因此，在实施战略数字化之前要做好组织准备，进行有效的组织摸排，在组织内部充分讨论和协调，努力达成多方共识，包括数字导向指标体系的共识、企业数字化的共识、指标和业务责任归属的共识、实验迭代方法的共识等。数字导向指标体系落地时需要组织机制保障，包括如何将指标点亮与员工个人工作任务及绩效相匹配，如何调整管理制度和管理办法，如何协调数字体系和组织体系等。数智系统的运行也需要充分考虑员工作为系统用户的使用体验，积极收集员工意见，尽快形成较为稳定的系统版本。

在系统和组织两方面逐渐完善的基础上，数字导向指标体系落实到系统的具体功能和组织的具体责任主体中，形成系统和组织耦合的数字执行体系。企业员工及职能部门明确自身在数字导向指标体系中的定位和目标，借助数智系统在一定范围内进行创新实验，逐级完成从数字导向指标体系到数字导向的点亮工程。

6.1.5 E：评价迭代

战略数字化的第四个环节是评价迭代，用 E 表示。我们在数智执行阶段提到要形成实验迭代型的数字执行体系，要实现小步快跑的企业增长效果，但任何行动，没有评价、反馈，迭代更新就无从谈起。数智执行阶段通过实验测试的方式完成数字导向指标体系在系统和组织中初步落地，进一步，我们需要对执行的各个方面进行评价。评价迭代过程是在系统和组织耦合而成的数字执行体系内自动完成的。

在业务执行方面，每个部门和员工以具体的数字指标为抓手完成工作目标，个体的行动能够被数字化地记录到数智系统当中，系统根据数字导向指标体系的设定对个体做出客观的分析和评价，甚至给出相应的建议或帮助。员工根据系统的快速反馈调整自己的行动，逐渐点亮自己的那盏灯。管理者通过数字导向指标体系把握战略实施的宏观情况，既能防止陷入细节之中，又能给员工更高的自由度，发挥他们的创造力和能动性。

除了要在业务执行方面进行评价，数字导向指标体系本身也要更新迭代，因此还要在数字导向指标体系方面进行评价。有时候指标点亮状况不佳，可能不是执行者出了问题，而是指标本身需要更新。通过对数字导向指标体系的数据分析和挖掘能够帮助企业发现异常，尽快做出调整。当数字导向指标体系被逐步点亮时，企业逐渐实现在数字导向上的企业增长和核心优势塑造。对数字导向的监控更应引起重视，例如，当某个数字导向增长疲软时，或许是执行出现问题，也或许是增长遇到瓶颈对企业转换竞争赛道的提示，此时数字导向也应该随之迭代，企业要加以分析和应对。总而言之，好的评价才能保证迭代走向更好的下一站。

6.2　ROUTE 数字方略下的新型企业

ROUTE 数字方略下企业的思维由规划设计转变为迭代计算，在竞争方面更加注重通过快速迭代或开辟新赛道的方式发展核心竞争力。ROUTE 数字方略帮助企业构建了一个持续进化和迭代的系统，通过计算迭代，量变会积累成质变。除了思想层面的改造，在物质层面，ROUTE 数字方略的实施创造了一套战略数字化的数智系统，管理者只需通过数字导向指标体系把握好战略的宏观方向，也就是确定企业增长目标和数字导向，其余的事情交给系统和组织自主迭代演进。ROUTE 数字方略下管理者和员工的能力得到进一步释放，共同走向战略的胜利。

　　对于每一位作为业务执行者的员工，数智系统一方面能够为他们提供更便捷、更智能的工作平台，帮助他们提高工作效率；另一方面能够帮助员工认识到"凡事有所为有所不为"，集中精力做对组织有益的事，避免虚假忙碌。我们以一家银行的对私客户经理为例，客户经理对个人客户的服务过程就可以从数智系统中得到多方面帮助。第一，客户经理能够提前了解用户画像，对新客户可以借助系统进行偏好推断，对老客户则可以通过系统推断客户的需求改变，从而为他们提供个性化的服务，提高服务效率，提升客户满意度。第二，客户经理在遇到问题时可以通过数智系统获得帮助，例如遇到犹豫的潜在客户时，可以向系统询问"对于该客户，公司有什么样的资源可以帮我留住他""我想突出我们的产品优势，请为我找到市面上的竞品有哪些"等，从而获得针对性的帮助，提高获客成功率。第三，客户经理对于自己所服务的客户，可以通过数智系统对客户进行分类分析，对不同群体做到分群管理，提高管理效率。第四，当检测到客户发生明显偏好或行为变化时，例如检测到客户从储蓄型客户转变为股票投资型客户时可以通过数智系统将其引导到企业其他的业务单元，甚至交给对应业务单元的员工负责，而不会因为没有及时地转变服务重点而让客户白白流失。

　　我们可以看到，这位客户经理能够用自己的行动向"以客户为中心，打造一流财富管理银行"的战略目标迈进一步，他的努力也会被如实地记录到系统之中，反馈到点亮工程里。这个例子中的数智系统涉及统计分析、自然语言处理、机器学习与人工智能、大数据分析、数据可视化等多个方面。然而，技术并不是最重要的，更重要的是这样的数智系统是以数字导向为核心的，根据数字导向指标体系进行整体性建设，因此更能满足企业的业务需求，更能反映企业在关键业务和核心竞争力方面的经营表现。

对于企业管理者而言，数智系统能够帮助他们随时掌握企业经营现状，从而进行及时且有根据的调整，保证企业不偏航。业务执行过程中每个部门和员工以具体的数字指标为抓手完成工作目标，这一过程从企业总体视角来看就像驾驶舱仪表盘上的指示灯被一个个点亮，管理者能够清晰地了解到哪些关键指标已经点亮，哪些指标点亮不足，需要进一步关注和投入。对于客户经理而言的计算思维是对客户数据的分析和挖掘，而对于管理层而言的计算思维则是对企业运行和员工数据的分析和挖掘。通过数智系统，企业的各级管理者能获得对于其管理范围内人、财、物的相关洞察，从而更合理有效地协调和管理。数智系统的两个映射为企业塑造了与企业战略和企业环境相匹配的数字能力。

最后，对于不同的企业而言，ROUTE 数字方略的实施需要视企业具体情况进行调整。战略数字化看似是数字导向指标体系的构建和数智系统的搭建，实质上是组织的调整甚至变革。任何改变的执行过程都会遇到阻力，但战略数字化的成功是每个人的责任，也是每个人的成功，如果能够让每位员工获得息息相关的便利，看到实实在在的成果，那么战略数字化的推行必将事半功倍。

图书在版编目（CIP）数据

计算思维：企业增长的数字方略 / 张瑾等著.

北京：中国人民大学出版社，2025.5. -- ISBN 978-7-300-33589-6

Ⅰ. F272.7

中国国家版本馆 CIP 数据核字第 202582HG96 号

计算思维——企业增长的数字方略

张瑾　胡时伟　张明华　江戈　著

Jisuan Siwei——Qiye Zengzhang de Shuzi Fanglüe

出版发行	中国人民大学出版社	
社　　址	北京中关村大街 31 号	**邮政编码**　100080
电　　话	010－62511242（总编室）	010－62511770（质管部）
	010－82501766（邮购部）	010－62514148（门市部）
	010－62511173（发行公司）	010－62515275（盗版举报）
网　　址	http://www.crup.com.cn	
经　　销	新华书店	
印　　刷	北京联兴盛业印刷股份有限公司	
开　　本	720 mm×1000 mm　1/16	**版　　次**　2025 年 5 月第 1 版
印　　张	14 插页 2	**印　　次**　2025 年 5 月第 1 次印刷
字　　数	143 000	**定　　价**　69.00 元